INSTRUCTION GÉNÉRALE
SUR LA CONSCRIPTION.

MODELES.

A PARIS,

CHEZ FIRMIN DIDOT, IMPRIMEUR DE L'INSTITUT, ET GRAVEUR DE L'IMPRIMERIE IMPÉRIALE,
RUE JACOB, N° 24.

1811.

TABLE
DES MODÈLES.

* Cet État est destiné pour le commandant du dépôt général des réfractaires.

** Cet État est destiné pour le Directeur général de la conscription.

* Ce bordereau doit être formé par le receveur.

** Ce bordereau doit être formé par le préfet.

FIN DE LA TABLE.

DÉPARTEMENT

MODÈLE n° 1.

Art. 18 de l'Instruction générale.

ARRONDISSEMENT

CANTON

COMMUNE d

CLASSE DE L'ANNÉE

LISTE ALPHABÉTIQUE DES CONSCRITS.

OBSERVATIONS.

1° QUELQUES cases en blanc, ménagées sur la *liste alphabétique*, à la suite de la signature du Maire, sont destinées à recevoir les additions que le Sous-Préfet peut avoir à faire lors de la vérification de la liste;

2° La *liste alphabétique*, après avoir été vérifiée par le Sous-Préfet, sert pour le tirage des conscrits;

3° Cette liste reste, après le tirage, entre les mains du Sous-Préfet, jusqu'à ce que le conseil de recrutement, ayant clos la seconde partie de la session ordinaire, lui ait renvoyé la seconde expédition de la *liste du tirage;*

4° Le Sous-Préfet, après avoir reçu la seconde expédition de la *liste du tirage*, reporte, dans les 13e et 14e colonnes de la *liste alphabétique*, les décisions du conseil ou les annotations relatives à chaque conscrit;

5° Le Sous-Préfet renvoie ensuite la *liste alphabétique* au Maire, qui la dépose aux archives de la mairie;

6° Le Maire, après avoir reçu la *liste d'émargement* prescrite par l'article 119 de l'Instruction générale, reporte, dans la 15e colonne de la *liste alphabétique*, les annotations définitives sur chaque conscrit.

FORMATION DE LA LISTE PAR LE MAIRE.								VÉRIFICATION, RECTIFICATION ET COMPLÉTEMENT de la Liste par le Sous-Préfet.			TIRAGE.	RÉSULTATS DES OPÉRATIONS DU CONSEIL DE RECRUTEMENT		ÉMARGEMENT de LA LISTE ALPHABÉTIQUE ou TRANSCRIPTION PAR LE MAIRE,
NUMÉRO d'ordre donné au Conscrit par le Maire.	1° NOM DE FAMILLE du conscrit; 2° SES PRÉNOMS ou Noms de baptême; 3° SON SURNOM ou Sobriquet.	LIEU ET DATE DE LA NAISSANCE du conscrit. *Lieu de naissance.* 1° Commune; 2° Canton; 3° Département; *Date de naissance.* 4° Jour; 5° Mois; 6° An.	TAILLE DU CONSCRIT. mètres. | millim. NOTA. Cette colonne ne sera remplie qu'après le tirage, lors de l'examen du conscrit par le Sous-Préfet.	RÉSIDENCE personnelle DU CONSCRIT. 1° Commune; 2° Canton; 3° Département; ou 4° Indication s'il habite avec ses père et mère.	NOMS ET PRÉNOMS des PÈRE ET MÈRE du conscrit. 1° Prénoms du Père; 2° Noms et Prénoms de la mère.	PROFESSION. 1° du conscrit; 2° du père (s'il est vivant); 3° de la mère (si le père est décédé).	INDICATION, POUR LES CONSCRITS des classes antérieures, 1° De la classe à laquelle le conscrit appartient; 2° Du motif pour lequel il est renvoyé à la classe actuelle. POUR LES CONSCRITS de la classe actuellement appelée, 3° Si le conscrit a été inscrit d'office par le Maire pour n'être pas présenté; 4° S'il s'est présenté pour se faire inscrire, ou par qui il a été représenté; 5° S'il est détenu.	1° INDICATION des réclamations faites contre l'inscription du conscrit sur la liste alphabétique; ou des observations auxquelles la rectification de cette liste a donné lieu; 2° DÉCISIONS du Sous-Préfet.	INDICATION, 1° (pour les conscrits des classes antérieures ajoutés par le Sous-Préfet à la liste alphabétique), de la classe du conscrit; 2° (pour les conscrits de la classe actuellement appelée, soit qu'ils aient été portés sur la liste par le Maire, soit que le Sous-Préfet les y ait ajoutés;) si le conscrit doit être déclaré premier à marcher, pour ne s'être pas fait inscrire et ne s'être pas présenté au tirage.	NUMÉRO d'ordre donné par le Sous-Préfet [illegible] ou [illegible] 1° du rang qui sera assigné [illegible] du tirage [illegible] d'une classe antérieure [illegible] au tirage de sa classe et renvoyé à la classe actuellement appelée, 2° du rang alphabétique suivant lequel le conscrit devant prendre un numéro sera appelé au tirage.	NUMÉRO échu à chaque conscrit au tirage de la classe actuellement appelée.	PENDANT LA TOURNÉE, dans les cantons. 1° Décision; 2° Motifs de la décision; 3° Détail des infirmités des conscrits réformés ou ajournés; 4° Indication si les conscrits ont été désignés pour l'activité, la réserve, ou le dépôt du sort.	AU CHEF-LIEU, après la tournée dans les cantons. 1° Décision; 2° Motifs de la décision; 3° Détail des infirmités des conscrits réformés ou ajournés; 4° Effets de ces décisions sur les conscrits désignés pour l'activité, la réserve, ou le dépôt du sort.	Pour les conscrits de la commune, listes d'émargement périodiquement [illegible] par le conseil de recrutement adressées aux Maires en exécution de l'article 118 de l'Instruction générale.
1.	2.	3.	4.	5.	6.	7.	8.	9.	10.	11.	12.	13.	14.	15.
	1° 2° 3°	1° 2° 3° 4° 5° 6°		1° 2° 3° 4°	1° 2°	1° 2° 3°				1° 2°				

N. B. *Ce Tableau doit contenir six cases de plus, conformes à ce modèle.*

DÉPARTEMENT
d

ARRONDISSEMENT
d

CANTON
d

MODÈLE, n° 2.
Art. 23 de l'Instruction générale.

COMMUNE d

CLASSE DE L'ANNÉE

JOURNAL DU MAIRE,

POUR SERVIR A L'INSCRIPTION DES CONSCRITS.

Nota. Le Journal doit comprendre tous les Conscrits de la Commune, lors même qu'ils seraient absens ou résidans ailleurs, ou détenus, susceptibles ou non d'une exemption, ou exception quelconque.

La section 1re du chapitre II du titre Ier de l'Instruction générale, indique quels individus doivent être portés sur le Journal.

N° d'ordre.	1° NOM DE FAMILLE DU CONSCRIT. 2° Ses prénoms et noms de baptême. 3° Son surnom ou sobriquet.	DATE de la naissance DU CONSCRIT. *Lieu de naissance.* 1° Commune; 2° Canton; 3° Département; *Date de naissance.* 4° Jour; 5° Mois; 6° An;	TAILLE du CONSCRIT. Mètres.	Millimètres.	RÉSIDENCE personnelle DU CONSCRIT. 1° Commune; 2° Canton; 3° Département; ou 4° Indication s'il habite avec ses père et mère.	NOMS ET PRÉNOMS des père et mère DU CONSCRIT. 1° Prénom du Père; 2° Nom et Prénoms de la Mère;	PROFESSION 1° Du conscrit; 2° Du père, s'il est vivant; 3° De la mère, si le père est décédé.	INDICATION Pour les conscrits des classes antérieures, renvoyés à la classe actuelle; 1° De la classe du conscrit; 2° Du motif pour lequel il a été renvoyé à la classe actuelle. Pour les conscrits de la classe actuellement appelée, 1° Si le conscrit s'est présenté pour se faire inscrire, ou si quelqu'un s'est présenté pour lui; 2° Si le conscrit ne s'est pas présenté, et s'il a été inscrit d'office; 3° Si le conscrit est détenu.	OBSERVATIONS. *Nota.* Il est à desirer que les maires apportent au tirage leur registre-journal. Ils pourront inscrire, dans la présente colonne, le numéro échu à chaque conscrit, et les renseignemens particuliers qu'ils jugeront convenable d'y porter.
1.	2.	3.	4.		5.	6.	7.	8.	9.
	1° 2° 3°	1° 2° 3° 4° 5° 6°			1° 2° 3° 4°	1° 2°	1° 2° 3°		

B. N. *Ce Tableau doit contenir six cases de plus, absolument conformes à ce modèle.*

[illegible]

[illegible]

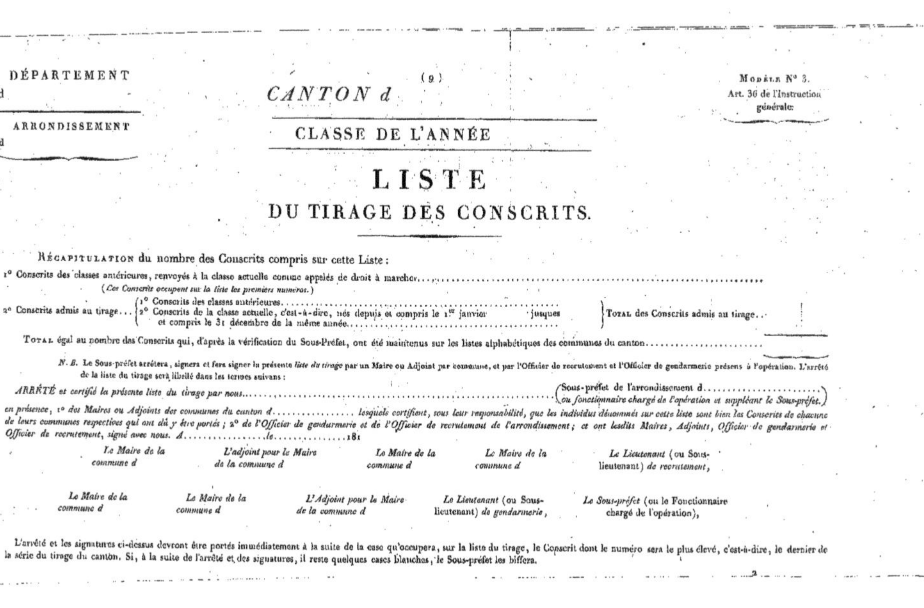

DÉPARTEMENT
d

ARRONDISSEMENT
d

CANTON d

CLASSE DE L'ANNÉE

Modèle N° 3.
Art. 36 de l'Instruction générale.

LISTE
DU TIRAGE DES CONSCRITS.

Récapitulation du nombre des Conscrits compris sur cette Liste :

1° Conscrits des classes antérieures, renvoyés à la classe actuelle comme appelés de droit à marcher..........
(*Ces Conscrits occupent sur la liste les premiers numéros.*)

2° Conscrits admis au tirage... { 1° Conscrits des classes antérieures.......... 2° Conscrits de la classe actuelle, c'est-à-dire, nés depuis et compris le 1er janvier jusques et compris le 31 décembre de la même année.......... } Total des Conscrits admis au tirage..

Total égal au nombre des Conscrits qui, d'après la vérification du Sous-Préfet, ont été maintenus sur les listes alphabétiques des communes du canton..........

N. B. Le Sous-préfet arrêtera, signera et fera signer la présente *liste du tirage* par un Maire ou Adjoint par commune, et par l'Officier de recrutement et l'Officier de gendarmerie présens à l'opération. L'arrêté de la liste du tirage sera libellé dans les termes suivans :

Arrêté et certifié la présente liste du tirage par nous.......... (Sous-préfet de l'arrondissement d.......... *ou fonctionnaire chargé de l'opération et suppléant le Sous-préfet.*) *en présence, 1° des Maires ou Adjoints des communes du canton d.......... lesquels certifient, sous leur responsabilité, que les individus dénommés sur cette liste sont bien les Conscrits de chacune de leurs communes respectives qui ont dû y être portés ; 2° de l'Officier de gendarmerie et de l'Officier de recrutement de l'arrondissement ; et ont lesdits Maires, Adjoints, Officier de gendarmerie et Officier de recrutement, signé avec nous. A..........le..........181*

Le Maire de la commune d | *L'adjoint pour le Maire de la commune d* | *Le Maire de la commune d* | *Le Maire de la commune d* | *Le Lieutenant* (ou Sous-lieutenant) *de recrutement,*

Le Maire de la commune d | *Le Maire de la commune d* | *L'Adjoint pour le Maire de la commune d* | *Le Lieutenant* (ou Sous-lieutenant) *de gendarmerie,* | *Le Sous-préfet* (ou le Fonctionnaire chargé de l'opération),

L'arrêté et les signatures ci-dessus devront être portés immédiatement à la suite de la case qu'occupera, sur la liste du tirage, le Conscrit dont le numéro sera le plus élevé, c'est-à-dire, le dernier de la série du tirage du canton. Si, à la suite de l'arrêté et des signatures, il reste quelques cases blanches, le Sous-préfet les biffera.

					RENSEIGNEMENTS EXTRAITS, SUR CHAQUE CONSCRIT, DES LISTES ALPHABÉTIQUES DE COMMUNE.				RENSEIGNEMENTS PORTÉS PAR LORS DE SES		
NUMÉROS donnés aux conscrits par le préfet, dans la série générale du tableau de conscription du département	NUMÉROS des Arrondissemens de Sous-préfectures	NUMÉROS donnés aux conscrits par le sous-préfet dans la série particulière du tableau de conscription de l'arrondissement.	NOMS des CANTONS.	RANG assigné ou numéro échu à chaque conscrit dans le tirage.	1° NOM DE FAMILLE DU CONSCRIT; 2° Ses prénoms ou noms de baptême; 3° Son surnom ou sobriquet.	DATE de la naissance du Conscrit. 1° Jour. 2° Mois. 3° An.	LIEUX DE LA NAISSANCE et de la résidence personnelle du conscrit. NOMS, PRÉNOMS, ET DOMICILE de ses père et mère.	PROFESSION 1° Du conscrit; 2° Du père, s'il est vivant; 3° De la mère, si le père est décédé.	TAILLE du CONSCRIT.		INDICATION 1° Si le conscrit est appelé de droit à marcher comme renvoyé d'une classe antérieure à la classe actuelle; 2° Si le conscrit est annoté par le sous-préfet pour être déclaré premier à marcher. 3° S'il s'est rendu incapable de servir.
									Mètre.	Millimètres.	
1.	2.	3.	4.	5.	6.	7.	8.	9.	10.		11.
					1° .... 2° 3°	1° .... 2° 3°	Né à canton d département d résidant à canton d département d fils d et d domiciliés à	1° 2° 3°			

<table>
<tr>
<th>LE SOUS-PRÉFET
OPÉRATIONS.</th>
<th colspan="3">ANNOTATIONS PORTÉES PAR LE CONSEIL
pendant les opérations de la seconde partie de sa session ordinaire pour l'appel de la classe.</th>
<th colspan="2">ÉMARGEMENT</th>
</tr>
<tr>
<td rowspan="2">INDICATION
DE LA RÉCLAMATION
faite devant le sous-préfet,
1° Pour que le conscrit soit admis à l'exemption, ou à l'exception, ou à la suspension du départ, ou au placement à la fin du dépôt. (Motifs de la réclamation.)
2° Pour que le conscrit soit réformé. (Détail des infirmités.)
ou
Annotation que le conscrit ayant plus d'un mètre 542 millimèt., est capable de servir.</td>
<td colspan="2">DÉCISIONS DU CONSEIL DE RECRUTEMENT
CLASSANT LES CONSCRITS DANS UNE DES CATÉGORIES CI-APRÈS :
1° Conscrits ayant droit à l'exception, l'exemption, ou la suspension du départ ;
2° Conscrits ayant droit au placement à la fin du dépôt ;
3° Conscrits ayant droit à la réforme ou susceptibles d'ajournement ;
4° Conscrits déclarés premiers à marcher ou mis à la disposition du Gouvernement pour être envoyés aux pionniers ;
5° Conscrits capables de servir ;
6° Conscrits absents ou détenus.
Indication pour les conscrits compris sous les n°s 1, 2 et 4, des motifs de chaque décision, et pour les conscrits compris sous le n° 3, détail des infirmités ou indication de la taille.</td>
<td rowspan="2">1° Dates des décisions du conseil ;
2° Numéro sous lequel ces décisions sont portées au registre des délibérations.</td>
<td rowspan="2">PROVISOIRE.
Indication des départs, des incorporations, des corps auxquels les conscrits auront été assignés, des indemnités payées par les conscrits réformés, des réformes gratuites, des condamnations comme réfractaires, des amendes à payer par les condamnés, etc.
et
Annotations des décisions que le conseil de recrutement, en session extraordinaire, aura dû prendre sur divers conscrits. — Date et numéro de chaque décision.</td>
<td rowspan="2">DÉFINITIF.
Indication de la situation de chaque conscrit après l'apurement de la classe par le conseil de recrutement dans la première partie de la session ordinaire qui suivra la levée faite sur la classe,
et
Changements qui seront survenus dans cette situation aux sessions ordinaires suivantes.</td>
</tr>
<tr>
<td>Décisions prises pendant la tournée dans les cantons, et particulièrement (pour chaque conscrit capable de servir) Annotation de sa désignation pour l'activité, la réserve, ou le dépôt du sort.</td>
<td>Décisions prises au chef-lieu, après la tournée dans les cantons, et Annotation si, par l'effet de ces décisions, le conscrit est désigné pour l'activité, la réserve, ou le dépôt du sort.</td>
</tr>
<tr>
<td>12.</td>
<td>13.</td>
<td>14.</td>
<td>15.</td>
<td>16.</td>
<td>17.</td>
</tr>
<tr>
<td>1°

2°</td>
<td></td>
<td></td>
<td>1°
Jour
Mois
An
2°</td>
<td></td>
<td></td>
</tr>
</table>

OBSERVATIONS DES MEMBRES DU CONSEIL DE RECRUTEMENT

Sur les Opérations du Sous-préfet.

RÉSUMÉ. (1)

(1) Ce résumé, qui aura pour objet de préparer la formation du compte général, numérique et sommaire, destiné à faire partie du procès-verbal de clôture de la seconde partie de la session ordinaire du conseil de recrutement, sera dressé dans la même forme que ce compte général.

PARTEMENT

E de

LISTE *nominative des Conscrits auxquels le Conseil de recrutement, procédant aux opérations de la première partie de sa session ordinaire, a accordé un délai, pour compléter la production des pièces justificatives de leurs droits, 1° à l'exception; 2° au placement à la fin du dépôt, comme frères de Conscrits sous les drapeaux.*

MODÈLE n° 4.

Art. 96 de l'Instᵒⁿ générale.

ÉRO ... re.	1° ARRONDISSEMENT de sous-préfecture; 2° CANTON.	1° NOMS DES CONSCRITS. 2° LEURS PRÉNOMS.	NUMÉRO obtenu par le Conscrit au tirage.	INDICATION			OBSERVATIONS.
				DU MOTIF pour lequel l'exception, ou le placement au dépôt, a été accordé.	DES PIÈCES restant à produire.	DU DÉLAI dans lequel cette production devra avoir lieu.	
	2.	3.	4.	5.	6.	7.	8.

Arrêté par les Membres composant le Conseil de recrutement du département d

A *le* 181

3

DÉPARTEMENT

Modèle n° 4.

Art. 96 de l'Instruction générale.

LISTE nominative des Conscrits auxquels le Conseil de recrutement, procédant aux opérations de la première partie de sa session ordinaire, a accordé un délai, pour compléter la production des pièces justificatives de leurs droits, 1° à l'exception; 2° au placement à la fin du dépôt, comme frères de Conscrits sous les drapeaux.

1° ARRONDISSEMENT de sous-préfecture; 2° CANTON.	1° NOMS DES CONSCRITS. 2° LEURS PRÉNOMS.	NUMÉRO obtenu par le Conscrit au tirage.	INDICATION DU MOTIF pour lequel l'exception ou le placement au dépôt a été accordé.	INDICATION DES PIÈCES restant à produire.	INDICATION DU DÉLAI dans lequel cette production devra avoir lieu.	OBSERVATIONS.
2.	3.	4.	5.	6.	7.	8.

Arrêté par les Membres composant le Conseil de recrutement du département d

A le 181

MODÈLE N° 5.

Instruction générale, art. 102.

DÉPARTEMENT

d

ARRONDISSEMENT

d

CANTON

d

CLASSE d

actuellement appelée.

LISTE nominative des Conscrits appartenant, à raison de leur âge, à l'une des classes antérieures, et renvoyés à la classe actuellement appelée.

Nota. Les Conscrits de la même commune seront portés, sur cette liste, les uns à la suite des autres; les communes du canton y seront comprises dans leur ordre alphabétique.

MM. les Sous-Préfets, à mesure qu'ils recevront de MM. les Préfets, pour divers cantons de leur arrondissement, la liste nominative des conscrits des classes antérieures renvoyés à la classe actuellement appelée, devront la diviser en listes partielles de commune. Ces listes partielles devront être, en tout, semblables à la liste de canton; seulement, au présent titre et au-dessous de l'indication du canton, ils porteront l'indication de la commune pour laquelle chaque liste partielle aura été dressée.

Numéros d'ordre.	NOMS, PRÉNOMS, SURNOMS DES CONSCRITS, et classe à laquelle ils appartiennent à raison de leur âge. 1° Noms. 2° Prénoms. 3° Surnoms. 4° Classe.	LIEU ET DATE DE LA NAISSANCE, RÉSIDENCE PERSONNELLE, taille et profession de ces Conscrits. NOMS, PRÉNOMS, DOMICILE ET PROFESSION des père et mère de ces Conscrits.	CONSCRITS OMIS SUR LES LISTES DES CLASSES auxquelles ils appartiennent à raison de leur âge. Indication s'ils ont été admis par le conseil à concourir au tirage.	(Pour les conscrits [illegible] à marcher par le conseil de recrutement.) [illegible] 1° S'ils ont été [illegible] motifs pour lesquels leur départ n'a pas eu [illegible] 2° S'ils sont arrivés [illegible] réfractaires, ou de la date à laquelle ils y [illegible] 3° Du jour de [illegible] comme réfractaires, s'ils se sont évadés, ou [illegible] lesquels la condamnation n'a pas eu lieu.	CONSCRITS DÉJA COMPRIS DANS LES LISTES DE LEURS CLASSES et devant être reportés en tête de celles de la classe actuellement appelée. Indication s'ils ont été admis à ne marcher qu'avec les conscrits de la classe actuellement appelée.	(Pour les conscrits ayant marché ou dû marcher avant l'appel de la classe actuelle.) INDICATION. 1° De la destination qui leur a été donnée ; 2° S'ils ont été mis en route, ou des motifs pour lesquels leur départ n'a pas eu lieu ; 3° S'ils sont arrivés à leur destination, ou de la date à laquelle ils y arriveront ; 4° Du jour de leur condamnation comme réfractaires s'ils ne se sont pas rendus à leur destination, ou des motifs pour lesquels leur condamnation n'a pas encore eu lieu.	NUMÉRO que ces conscrits ont eu au tirage de leur classe.	MOTIFS pour lesquels CES CONSCRITS ont été renvoyés à la classe actuelle.	OBSERVATIONS.
1.	2.	3.	4.	5.	6.	7.	8.	9.	10.
	1° 2° 3° 4°	Né à canton d département d le résidant à canton d département d ayant taille d'un mètre millimètres, et exerçant la profession d Fils de et de } domiciliés à canton d (profession du père, ou de la mère si elle est veuve)							

Nota. Ce Tableau doit contenir cinq cases de plus.

DÉPARTEMENT
d

ARRONDISSEMENT
d

CANTON d

COMMUNE d

Modèle n° 6.

Art. 119
de l'Instruction générale.

LISTE (générale ou supplémentaire) d'émargement de la Classe d

NUMÉROS de LA SÉRIE du tirage du canton. 1.	NOMS, PRÉNOMS ET SURNOMS DES CONSCRITS auxquels appartiennent ces Numéros. 1° Nom; 2° Prénoms; 3° Surnom. 2.	ÉMARGEMENT, ou INDICATION ET SITUATION DES CONSCRITS. 3.

N. B. *Ce tableau doit contenir sept cases de plus.*

Nota. Cette liste, destinée à être affichée dans la commune après la transcription de l'émargement, par le Sous-Préfet, sur la seconde expédition de la liste du tirage, et par le Maire sur la liste alphabétique de commune, devra être formée en placard. Lorsque le nombre des conscrits d'une commune excédera celui des cases que contient le présent modèle, on formera autant de listes qu'il sera nécessaire d'en former pour que tous les conscrits de la commune y soient compris. Ces listes seront numérotées, et devront être affichées, dans l'ordre des numéros, les unes à côté des autres. Chaque liste devra être certifiée par le Préfet.

MODÈLE n° 7.

Article 131 de l'Instruction générale.

TABLEAU général des Conscrits du département d pour la classe de

Ce tableau est suivi,

1° D'une table alphabétique;

2° De la récapitulation des diverses catégories où se trouvent les conscrits, d'après l'émargement de ce tableau, et du nombre des conscrits de la même catégorie;

3° De celles des diverses espèces d'infirmités ou de difformités pour lesquelles les conscrits auront été réformés, et du nombre des réformés par chacune de ces espèces;

4° De celle des différens degrés de la taille des conscrits compris sur ce tableau, et du nombre des conscrits par chacun de ces degrés;

5° De celle des différentes professions des mêmes conscrits, et du nombre des conscrits par chacune de ces professions.

Les modèles de ces quatre récapitulations et de la table alphabétique font suite au modèle n° 7.

NUMÉRO d'ordre ou série générale du département.	NUMÉROS des ARRONDISSEMENS de SOUS-PRÉFECTURES.	NUMÉRO d'ordre ou série particulière de l'arrondissement.	CANTON.	NUMÉRO du Conscrit sur la liste du tirage.	1° Noms de famille du Conscrit ; 2° Prénoms ou noms de baptême ; 3° Surnoms ou sobriquet.	DATE de LA NAISSANCE du Conscrit. 1° Jour, 2° Mois, 3° An.	TAILLE du CONSCRIT. Mètre.	Millimètres.	SA PROFESS[ION]
1.	2.	3.	4.	5.	6.	7.	8.		9.

N. B. Ce Tableau doit contenir onze cazes de plus.

COMMUNE à laquelle appartient le Conscrit.	NOMS ET PRÉNOMS des PÈRE ET MÈRE.	ÉMARGEMENT OU INDICATION DE LA SITUATION DU CONSCRIT.
10.	11.	12.
		EXEMPLES: 1° Conscrit de 1807, premier à marcher, comme ne s'étant pas fait inscrire; condamné comme réfractaire le 1er juin 1811, pour n'avoir pas obéi à l'ordre de départ.
		2° Conscrit de 1808, indûment placé au dépôt, premier à marcher; incorporé le 8 mai 1811 dans le 8e de ligne; porté sous le n° au contrôle de départ n° et au registre matricule du corps, sous le n° 3° Incorporé le 23 juin 1811 dans le 3e de ligne; porté sous le n° au contrôle de départ n° et au registre matricule du corps, sous le n° 4° Excepté comme enrôlé, avant les désignations, pour le 2e légère, où il est arrivé le 5 avril 1811; porté au registre matricule du corps, sous le n° 5° Incorporé le 12 juin 1811 dans le 1er de chasseurs; porté sous le n° au contrôle de départ n° et au registre matricule du corps, sous le n° 6° Réformé par le conseil de recrutement le 30 mars 1811, pour claudication, en payant 150 fr. d'indemnité. 7° Remplacé par le nommé *Adrien*, lequel est porté sous le n° au contrôle de départ n° incorporé le 17 juin 1811, dans le 8e de ligne, et inscrit au registre matricule du corps, sous le n° 8° Détenu, pour n'être mis en liberté qu'au 1er février 1812; ajourné à la levée de 1812. 9° Réformé au 8e de ligne, pour hernie, a été taxé à 200 fr. d'indemnité; son remplacement a été effectué. 10° Placé à la fin du dépôt comme aîné des fils d'une veuve. 11° Excepté comme inscrit maritime. 12° Faisant partie du dépôt à raison de son numéro.

Table alphabétique des Conscrits portés au Tableau général des Conscrits de

NOMS des CONSCRITS.	LEURS PRÉNOMS.	NUMÉROS qu'occupent les conscrits dans la 1re colonne du tableau général.	NUMÉROS qu'ils ont obtenus au tirage.	OBSERVATIONS.	NOMS des CONSCRITS.	LEURS PRÉNOMS.	NUMÉROS qu'occupent les conscrits dans la 1re colonne du tableau général.	NUMÉROS qu'ils ont obtenus au tirage.	OBSERVATIONS.

Suite du **Modèle n° 7.**

Instruction générale, art. 131.

1° *RÉCAPITULATION des diverses Catégories où se trouvent les Conscrits d'après l'émargement du tableau général, et du nombre des Conscrits de la même Catégorie.*

Nos DES ARRONDISSEMENS DE SOUS-PRÉFECTURE.	CANTONS.	NOMBRE DES CONSCRITS — PORTÉS AU TABLEAU GÉNÉRAL.	À défalquer du tableau : 1° Morts, dont le décès antérieur à la formation des listes pour le tirage n'a été reconnu qu'après le tirage. 2° Portés sur les listes par une erreur reconnue seulement après le tirage.	Composant la force de la classe après les défalcations portées dans la précédente colonne.	RÉFORMÉS.	EXEMPTÉS.	Reconnus être mis volontairement hors d'état de servir dans la ligne.	MORTS DEPUIS LE TIRAGE.	INCORPORÉS. Les réfractaires incorporés ne seront pas compris dans cette colonne.	MIS EN ROUTE ET NON ENCORE INCORPORÉS.	Appelés, mais ajournés, soit comme détenus, ou pour maladies, défaut de taille, ou faiblesse de constitution.	Appelés, mais dont le départ a été suspendu comme aspirans à l'École polytechnique, élèves des écoles vétérinaires, etc.	Réfractaires condamnés. Les condamnés qui auront été incorporés après le mois de leur condamnation, seront compris dans cette colonne.	RETARDATAIRES RESTANT À CONDAMNER comme réfractaires.	PLACES DE DROIT À LA FIN DU DÉPÔT.	FORMANT LE RESTE DU DÉPÔT.	Observations.
1.	2.	3.	4.	5.	6.	7.	8.	9.	10.	11.	12.	13.	14.	15.	16.	17.	18.
	Totaux...																

2° *RÉCAPITULATION des diverses espèces d'infirmités ou de difformités pour lesquelles ont été prononcées les réform[es] indiquées par l'émargement du tableau général, et du nombre des Conscrits réformés par chacune de ces espèces.*

Nota. Toutes les infirmités de même espèce doivent être comprises sous une dénomination commune, afin de ne point multiplier les colonnes de cette récapitulatio[n]; par exemple : la teigne, la lèpre, l'éléphantiasis, etc., sont des infirmités du même genre, et peuvent recevoir une même dénomination. Il en est de même de la pe[rte] du bras, de la jambe, de la main, du pied, des doigts, et de leur usage, etc.

NUMÉROS des ARRONDISSEMENS de Sous-préfecture.	CANTONS.	NOMBRE DES CONSCRITS RÉFORMÉS POUR										TOTAL égal à celui des conscrits dont la réforme est mentionnée sur le tableau général.	OBSERVATIONS.
1.	2.	3.	4.	5.	6.	7.	8.	9.	10.	11.	12.	13.	14.
	TOTAUX...												

3°. *RÉCAPITULATION des différents degrés de la taille des Conscrits compris sur le tableau général, et du nombre des Conscrits par chacun de ces degrés.*

NUMÉROS des ARRONDISSEMENS de Sous-préfecture.	CANTONS.	NOMBRE DE CONSCRITS AYANT MOINS D'UN MÈTRE																		NOMBRE DES CONSCRITS ayant au-delà de cette dernière taille.	TOTAL DU NOMBRE des conscrits portés au tableau général.	TAILLE MOYENNE des conscrits.	Observations.
		488 millimètres.	542 millimètres.	555 millimètres.	569 millimètres.	582 millimètres.	595 millimètres.	609 millimètres.	622 millimètres.	635 millimètres.	649 millimètres.	662 millimètres.	676 millimètres.	689 millimètres.	703 millimètres.	716 millimètres.	730 millimètres.	743 millimètres.	757 millimètres.				
1.	2.	3.	4.	5.	6.	7.	8.	9.	10.	11.	12.	13.	14.	15.	16.	17.	18.	19.	20.	21.	22.	23.	24.
	Totaux. . .																						

4° *RÉCAPITULATION des différentes professions des Conscrits compris sur le tableau général, et du nombre de Conscrits par chacune de ces professions.*

Nota. Les professions analogues doivent être comprises sous une dénomination commune, afin de ne point multiplier les colonnes de cette récapitulation ; pa[r] exemple, la dénomination d'*ouvriers en fer* peut comprendre les *forgerons*, les *serruriers*, les *taillandiers*, etc. ; celle d'*ouvriers en bois*, les *menuisiers*, *charpentier[s]*, *charrons*, etc. ; celle d'*hommes habitués à travailler à la terre*, les *terrassiers*, *jardiniers*, etc. En général, cette récapitulation a pour objet de faire connaît[re] combien d'hommes, dans chaque département, sont propres au service des corps de cavalerie, de l'artillerie à pied et à cheval, des ouvriers de l'artiller[ie] et du génie, du train de ces deux armes, des pontonniers, des sapeurs, des mineurs, des équipages militaires ; toutes les professions qui ne rendent pa[s] propre à l'une de ces diverses armes, peuvent être comprises sous la dénomination commune *autres professions*.

NUMÉROS des ARRONDISSEMENS de Sous-préfecture.	CANTONS.	NOMBRE DES CONSCRITS								TOTAL égal à celui des conscrits compris dans le tableau général.	*OBSERVATIONS.*
									des autres professions.		
1.	2.	3.	4.	5.	6.	7	8.	9.	10.	11.	12.
	TOTAUX...										

DÉPARTEMENT

d

MODÈLE N° 8.

Art. 175
de l'instruction générale.

LISTE nominative et signalétique des Conscrits dont le conseil de recrutement a prononcé la réforme pendant sa tournée dans les cantons, ou au chef-lieu du département, après sa tournée.

NOMS, PRÉNOMS ET SURNOMS des conscrits réformés. 1.	CANTONS auxquels ils appartiennent comme conscrits. 2.	NUMÉRO de LA SÉRIE du tirage du canton. 3.	SIGNALEMENT. 4.		*OBSERVATIONS.* 5.
			Cheveux	sourcils	
			yeux	front	
			nez	bouche	
			menton	visage	
			teint	marques particulières	

Nota. Ce tableau doit contenir huit cases de plus.

BORDEREAU *des pièces que doivent produire au Conseil de Recrutement les Conscrits qui se trouvent dans l'un des cas d'exemption, ou d'exception, ou de suspension de départ, ou de placement à la fin du dépôt.*

INDICATION De chacun des cas d'exemption, ou d'exception, ou de suspension de départ, ou de placement à la fin du dépôt.	INDICATION des pièces à produire (1).
Exemptions et Exceptions.	
1° Conscrits ayant obtenu l'un des grands prix de peinture, de sculpture, d'architecture, de gravure, et de composition musicale;	1° *Certificat de son Exc. le ministre de l'intérieur;*
2° Conscrits ayant reçu les ordres qui attachent irrévocablement au service des cultes;	2° *Certificat du directeur du séminaire dans lequel ils auront reçu les ordres;*
Conscrits autorisés à continuer leurs études ecclésiastiques;	*Aucune.* Le conseil n'exceptera que les conscrits qui auront été portés sur les listes prescrites par l'art. 58 de l'instruction générale;
3° Conscrits faisant partie de l'inscription maritime;	3° *Certificat (conforme aux modèles annexés au présent bordereau sous les lettres A et B) du commissaire ou sous-commissaire de marine du quartier dans lequel l'inscription a eu lieu* (2);
4° Graveurs du dépôt de la guerre, nommés par son Exc. le ministre de la guerre;	4° *Certificat du directeur général du dépôt de la guerre;*
Ouvriers des manufactures d'armes, également désignés par son Excellence;	*Certificat délivré par l'inspecteur de la manufacture d'armes, et dans lequel la décision de son Exc. le ministre de la guerre sera relatée;*
5° Conscrits légalement entrés au service des armées de terre et de mer, avant le jour où leur numéro est appelé;	5° *Certificat de présence délivré par le conseil d'administration du corps, et visé par le sous-inspecteur aux revues* (3);
6° Adjoints aux commissaires des guerres;	6° *Copie en forme de leurs lettres de service;*
Officiers de santé commissionnés par leurs Exc. le ministre-directeur de l'administration de la guerre et le ministre de la marine;	*Copie en forme de leurs commissions;*
Artistes vétérinaires tirés des écoles de Lyon, de Turin et d'Alfort, pour être employés à un service public;	*Copie en forme de leur commission;*

(1) Les pièces à produire par les conscrits compris dans l'exemption, ou l'exception, ou la suspension de départ, et dont on n'a point cru devoir donner les modèles, devront contenir les nom et prénoms du conscrit, la date de sa naissance, l'indication de la commune et du canton auxquels il appartiendra comme conscrit. Ces pièces devront être libellées de manière à ne laisser aucun doute sur les droits que pourront avoir les conscrits à l'exemption, ou à l'exception, ou à la suspension de départ.

(2) Les officiers du génie maritime, jusqu'au grade de sous-ingénieur inclusivement; les administrateurs des ports, jusqu'au grade de garde-magasin aussi inclusivement; les individus qui sont parvenus, par la voie du concours, au grade d'entretenu (ces trois classes d'employés sont comprises dans le n° 3), produiront au conseil de recrutement une copie en forme de leurs lettres de service ou de leur commission.

(3) Lorsque la famille d'un conscrit légalement entré au service des armées de terre ou de mer, déclarera qu'il ne lui a pas été possible de se procurer le certificat de présence de ce conscrit dans un corps, le préfet formera pour lui une feuille individuelle semblable (sauf les modifications nécessaires) à celle qu'il sera chargé ci-après de former pour les conscrits qui auront réclamé leur placement à la fin du dépôt, à raison de l'activité d'un de leurs frères au service.

INDICATION De chacun des cas d'exemption, ou d'exception, ou de suspension de départ, ou de placement à la fin du dépôt.	**INDICATION** DES PIÈCES À PRODUIRE.
7° Conscrits ayant obtenu de Sa Majesté la permission de servir dans les troupes étrangères;	7° *Copie en forme de l'autorisation accordée par Sa Majesté;*
8° Élèves des écoles spéciales militaires; élèves des écoles spéciales et des écoles pratiques de la marine; élèves du prytanée militaire qui, depuis le jour où ils ont atteint leur seizième année et savent l'école de bataillon, sont assimilés aux élèves des écoles spéciales militaires;	8° *Certificat de présence, délivré par le gouverneur ou le conseil d'administration de l'école.*
Élèves passés de l'école polytechnique aux écoles d'application;	*Certificat d'activité délivré par le directeur de chaque école d'application;*
Jeunes de langues;	*Certificat délivré par son Exc. le ministre des relations extérieures;*
Élèves de l'école polytechnique;	*Certificat de présence délivré par le gouverneur ou le conseil d'administration de l'école;*
Élèves de l'école d'administration de la marine, créée par l'arrêté du 29 germinal an 11;	*Certificat de présence délivré par le directeur ou le conseil d'administration de l'école;*
9° Élèves de l'école normale;	9° *Copie en forme du diplôme délivré par son Exc. le grand-maître de l'université;*
10° Élèves des écoles des arts, entretenus aux frais du Gouvernement, et autorisés par Sa Majesté à continuer leurs cours;	10° *Copie en forme de l'autorisation accordée à ces élèves;*
11° Pages de Sa Majesté;	11° *Certificat délivré par le gouverneur ou sous-gouverneur des pages;*
12° Conscrits des départemens réunis à la France, mariés antérieurement au jour où les lois sur la conscription ont été rendues exécutoires dans ces départemens;	12° *Copie en forme de l'acte de mariage délivré par l'officier de l'état civil et visé par le président du tribunal de première instance de l'arrondissement; — certificat du maire constatant l'identité.* (Ce certificat sera conforme au modèle annexé au présent bordereau, sous la lettre C;)
13° Fils des colons réfugiés en France et admis aux secours du Gouvernement.	13° *Certificat du préfet constatant que les colons* (père et mère du conscrit) *jouissent des secours accordés par le Gouvernement, et qu'ils n'ont point acquis domicile en France;*
Suspension de Départ.	
1° Aspirans à l'école polytechnique, n'ayant pas encore dépassé l'âge auquel on peut y être admis;	1° *Certificat du professeur d'un lycée ou de toute autre école faisant partie de l'université impériale, constatant que l'aspirant est son élève, et qu'il est assez instruit pour être admis à l'école polytechnique lors du plus prochain examen;*
2° Élèves des écoles vétérinaires de Lyon, d'Alfort et de Turin, âgés de moins de vingt ans, qui, ayant fini la première année d'études, donneront l'espérance de faire de bons vétérinaires.	2° *Certificat du conseil d'administration de l'école, constatant que l'élève a fini sa première année d'études et donne l'espérance de faire un bon vétérinaire;*
3° Conscrits ayant moins de vingt ans révolus et prétendant à la suspension du départ comme élèves des écoles des arts, entretenus aux frais du Gouvernement; admis, par décision de l'autorité supérieure, à continuer leurs cours en attendant l'autorisation spéciale de Sa Majesté;	3° *Copie en forme de la décision de l'autorité supérieure qui a permis aux élèves de continuer leurs cours, en attendant l'autorisation de Sa Majesté;*

INDICATION De chacun des cas d'exemption, ou d'exception, ou de suspension de départ, ou de placement à la fin du dépôt.	INDICATION DES PIÈCES A PRODUIRE.
4° Conscrits n'ayant point encore dépassé l'âge auquel on peut être admis à l'école polytechnique, qui, lors des derniers examens, ont été déclarés admissibles à l'école, mais qui n'ont pas encore pu y être admis, à défaut de place vacante;	4° *Certificat du conseil d'administration de l'école, constatant que le conscrit a été déclaré admissible à l'école, mais qu'il n'a pu y être reçu à défaut de place vacante;*
5° Fils des colons réfugiés et admis aux secours du Gouvernement, n'ayant pas encore vingt ans révolus;	5° *Certificat du préfet du département dans lequel les colons réfugiés* (père et mère du conscrit) *touchent les secours du Gouvernement;*
6° Conscrits requis par le Gouvernement pour un service momentané aux armées ou dans les arsenaux de la marine, ou sur les équipages de vaisseaux.	6° *Certificat en forme constatant leur mise en réquisition.*
Placement à la fin du Dépôt.	
1° Conscrit dont le frère appelé comme conscrit ou parti comme enrôlé volontaire, sera présent (1) dans l'un des corps de l'armée de ligne, ou sera mort en activité, ou aura été réformé pour blessures reçues ou infirmités contractées au service.	1° *Certificat de maire* (conforme, suivant les cas, aux modèles annexés au présent bordereau, sous les lettres D et E.) — *Certificat du conseil d'administration du corps dans lequel le frère du conscrit a été appelé à servir, ou pour lequel il s'est enrôlé, constatant qu'il est présent au corps, ou qu'il est mort en activité; ou qu'il a été réformé pour blessures ou infirmités contractées au service.* (Pour les militaires décédés ou réformés, une copie en forme de l'extrait mortuaire ou du congé de réforme tiendra lieu du certificat du corps.) (2)

(1) Plusieurs militaires se trouvent avoir été rayés des registres matricules des corps, pour longue absence. Les uns ont été tués sur le champ de bataille, et leur mort n'a pu être constatée; d'autres ont été envoyés aux ambulances et aux hôpitaux, y sont morts, ou ont passé dans d'autres corps; d'autres ont été faits prisonniers de guerre, et les corps n'en ont pas été instruits. Il serait injuste de priver de la faveur du dépôt les frères des militaires qui ont été tués sur le champ de bataille, ou qui sont morts aux ambulances ou aux hôpitaux, ou qui ont été faits prisonniers de guerre : on doit leur accorder cette faveur toutes les fois que les renseignemens présentés au conseil de recrutement sont suffisans pour le convaincre que les militaires rayés pour longue absence ne sont pas en état de désertion.

(2) Lorsque les conscrits réclamant la faveur du dépôt, à raison de l'activité de leurs frères incorporés comme conscrits ou comme enrôlés volontaires, ne produiront pas le certificat du conseil d'administration ou l'extrait mortuaire, les préfets formeront, pour les frères de ces conscrits, une feuille individuelle dont le modèle est annexé au présent bordereau sous la lettre K.

Après que ces feuilles individuelles auront toutes été établies, les préfets réuniront celles qui concerneront les militaires servant dans le même corps et dans la même division militaire ou aux armées, et les adresseront, *lorsque le corps aura son dépôt en France*, à l'inspecteur aux revues de chaque division militaire; *lorsque le corps aura son dépôt en Italie*, à l'inspecteur aux revues des troupes stationnées en Italie; et, *lorsque le corps n'aura point de dépôt en France*, à l'inspecteur aux revues de l'armée dont il fera partie. Le commissaire des guerres de chaque département donnera au préfet, sur l'emplacement des corps, les renseignemens dont il aura besoin.

Les feuilles individuelles qui concerneront des militaires en activité dans les corps de la marine, seront adressées aux préfets maritimes.

A mesure que les inspecteurs aux revues recevront les feuilles individuelles qui leur auront été adressées par les préfets, ils les transmettront aux sous-inspecteurs aux revues ayant la police des corps pour lesquels ces feuilles seront destinées.

Les sous-inspecteurs aux revues devront s'assurer, en consultant le registre matricule de chaque corps, 1° si les militaires qui seront portés sur les feuilles individuelles sont bien les mêmes que les militaires portés au registre; 2° si les dates de naissance, de départ et d'incorporation, et les indications du domicile et des noms et prénoms des père et mère, sont exacts. Dans ce cas, et si les militaires sont présens au corps, ou s'ils sont morts en activité de service, le conseil d'administration le certifiera dans la colonne de la feuille destinée à recevoir ce renseignement. Le certificat du conseil sera visé par le sous-inspecteur aux revues.

Lorsque les militaires portés sur les feuilles ne feront plus partie des corps où ils auront été annoncés être en activité de service, les sous-inspecteurs prendront des informations sur la nouvelle destination donnée à ces militaires, et en consigneront le résultat dans la colonne de la feuille destinée à recevoir ces renseignemens.

Toutes les fois que les individus compris sur les feuilles individuelles feront

INDICATION De chacun des cas d'exemption, ou d'exception, ou de suspension de départ, ou de placement à la fin du dépôt.	INDICATION DES PIÈCES À PRODUIRE.
2° Conscrit aîné des fils d'une femme actuellement veuve.	2° *Certificat de maire*, conforme au modèle annexé au présent bordereau, sous la lettre F.
3° Conscrit qui aura un ou plusieurs frères ou sœurs moins âgés que lui, et comme lui orphelins de père et de mère.	3° *Certificat de maire*, conforme au modèle annexé au présent bordereau, sous la lettre G.
4° Conscrit dont le père aura soixante-onze ans révolus avant le jour fixé pour le départ.	4° *Certificat de maire*, conforme au modèle annexé au présent bordereau, sous la lettre H. — *Acte de naissance du père du conscrit.*
5° Conscrit dont le père sera mort, mais dont le grand-père ou la grand'mère veuve aura soixante-onze ans révolus, et qui se trouvera en être le seul soutien.	5° *Certificat de maire*, conforme au modèle annexé au présent bordereau, sous la lettre I. — *Acte de décès du père du conscrit. — Acte de naissance du grand-père ou de la grand'mère du conscrit.*

partie des bataillons, escadrons, compagnies ou détachemens étant à l'armée, ou lorsqu'ils seront aux hôpitaux externes, et que le conseil d'administration du dépôt ne pourra pas certifier qu'ils sont présens à l'armée ou aux hôpitaux, les sous-inspecteurs aux revues, toujours après avoir fait la vérification ci-dessus prescrite, en rendront compte à l'inspecteur aux revues de la division militaire, qui s'adressera aux inspecteurs sous la surveillance desquels se trouveront les corps à l'armée, ou aux commissaires des guerres ayant la police des hôpitaux. Quand la certitude que les militaires sont présens à l'armée ou aux hôpitaux aura été acquise de cette manière, les conseils d'administration des dépôts et les sous-inspecteurs aux revues devront le certifier.

S'il arrive que les recherches faites par les inspecteurs et sous-inspecteurs aux revues n'aient pu amener à reconnaître l'identité du militaire porté sur une feuille individuelle, ou si ce militaire est reconnu au corps pour lequel la feuille aura été formée, il en sera fait mention dans la colonne d'observations de cette feuille.

Les sous-inspecteurs aux revues devront renvoyer dans la huitaine, aux inspecteurs, les feuilles pour lesquelles il n'aura pas été besoin de prendre des renseignemens hors de la division militaire, et le plus promptement possible, celles qui auront exigé des recherches hors de la division. Les inspecteurs renverront ces feuilles aux préfets, immédiatement après les avoir reçues des sous-inspecteurs.

Lorsque, par le renvoi des feuilles individuelles, les préfets seront informés que les militaires portés sur ces feuilles auront changé de corps, ils formeront de nouvelles feuilles qu'ils adresseront, par l'intermédiaire de l'inspecteur aux revues, au corps dont ces militaires feront partie. Si les militaires ne sont pas en activité, les préfets en informeront leurs frères conscrits, et leur appliqueront, suivant les cas, les dispositions de l'instruction générale.

Modèle coté A.

QUARTIER

d

INSCRIPTION

MARITIME.

N. B. Les charpentiers de vaisseaux, perceurs, calfats, et voiliers, sont les seuls ouvriers susceptibles d'être compris dans l'inscription maritime.

CERTIFICAT DE CLASSEMENT.

OUVRIERS DE PROFESSION MARITIME.

NOUS COMMISSAIRE DE MARINE, chargé des armemens et de l'inscription au quartier maritime de (indication du quartier)

Certifions que le nommé (nom et prénoms du conscrit)

né à (commune, canton, et département)

le (date de la naissance) *fils de* (prénoms du père)

et de (nom et prénoms de la mère), *conscrit de* (la classe) *du canton de* (nom du canton), *a été inscrit sur le registre des apprentis ouvriers, le* (date de l'inscription), *comme* (indication de la profession.)

Son inscription, qui a eu lieu pour (indication de la condition remplie par l'ouvrier), *a été légalement et définitivement consacrée sur la matricule destinée à cet effet, F° N° à compter du* (la date), *époque antérieure de six mois au 1er. janvier de l'année* (indication de l'année.)

Nous certifions, en outre, que le conscrit ci-dessus dénommé a été levé pour (indication de la nature du service) *le* (la date) *et qu'il est actuellement en activité, ou qu'il n'est point en activité de service* (indiquer les motifs.)

A *le* 181

MODÈLE coté B.

QUARTIER

d'

INSCRIPTION

MARITIME.

CERTIFICAT DE CLASSEMENT.

Nous, Commissaire de Marine, *chargé des armemens et de l'inscription maritime au quartier de* (indication du quartier)

Certifions que le nommé (nom et prénoms du conscrit) *né à* (commune, canton, département), *le* (date de la naissance), *fils de* (prénoms du père) *et de* (nom et prénoms de la mère), *conscrit de* (la classe), *du canton de* (nom du canton), *a été légalement et définitivement inscrit, en qualité de marin, sur le rôle de l'inscription maritime*, *F°* *N°* *le* (la date de l'inscription), *et qu'avant le 1er janvier* (l'année) *année dans laquelle la classe de conscription dont il fait partie par son âge a été appelée, il avait* (mentionner ici que l'individu inscrit avait dix-huit mois de navigation, ou deux ans d'apprentissage comme marin, ou qu'il avait fait deux voyages de long cours, ou deux ans de petite pêche.)

En foi de quoi, le présent certificat lui a été délivré

A *le* 181

MODÈLE coté C.

DÉPARTEMENT
d

CANTON
d

COMMUNE
d

CERTIFICAT DE MAIRE.

CONSCRIT d'un département réuni à la France, réclamant l'exception comme marié antérieurement au jour où les lois sur la Conscription ont été rendues exécutoires dans son département.

NOUS SOUSSIGNÉ (nom et prénoms), *maire de la commune de* (nom de la commune)

Certifions que le nommé (nom et prénoms du conscrit), *conscrit de* (la classe) *du canton de* (nom du canton), *ayant eu au tirage le n°* (indication du numéro), *est le même que l'individu marié le* (date du mariage) *à* (nom et prénoms de la femme du conscrit), *ainsi qu'il résulte de l'acte de mariage annexé au présent certificat.*

Fait à *le* 181

(Signature du Maire.)

MODÈLE coté D.

DÉPARTEMENT
d

CANTON
d

COMMUNE
d

CERTIFICAT DE MAIRE.

CONSCRIT réclamant le placement à la fin du Dépôt, comme frère d'un (conscrit, ou enrôlé volontaire) *en activité de service* (ou mort au service, ou réformé pour blessures ou infirmités contractées au service), *et n'ayant point de frère placé à la fin du Dépôt.*

Nous soussigné (nom et prénoms du maire), *maire de* (nom de la commune ou de la ville),

Sur l'attestation des sieurs (noms, prénoms et professions de trois pères de conscrits en activité de service ; et dans les villes, indication de la rue et du n° où les pères des conscrits demeurent), *habitans de cette commune* (ou ville), *et pères de conscrits en activité de service ;*

Certifions, sous notre responsabilité personnelle, et après nous être assuré de l'exactitude de l'attestation qui nous a été faite, que

Premier cas. Si le frère du conscrit est en activité de service comme conscrit.

Le nommé (nom et prénoms), *conscrit de* (la classe) *du canton d* (nom du canton), *ayant eu au tirage le n°* (indication du numéro), *est frère du nommé* (prénoms), *conscrit d* (la classe) *du canton d* (nom du canton), *ayant eu au tirage le n°* (indication du numéro) ; *que ce dernier a été incorporé, en cette qualité, dans le* (numéro du corps, et indication si c'est un régiment d'infanterie de ligne ou légère, de carabiniers, cuirassiers, dragons, etc.), *et qu'il est présumé être actuellement présent audit corps, ou* (si l'on a le certificat de présence (1) du militaire au corps) *qu'il est présent audit corps, ainsi qu'il résulte du certificat délivré le* (la date) *par le conseil d'administration du corps.*

Deuxième cas. Si le frère du conscrit est en activité de service comme enrôlé volontaire.

Le nommé (nom et prénoms), *conscrit de* (la classe) *du canton d* (nom du canton), *ayant eu au tirage le n°* (indication du numéro), *est frère du nommé* (prénoms), *enrôlé volontaire ; que ce dernier, en cette qualité, a été incorporé dans le* (numéro du corps, et indication si c'est un régiment d'infanterie de ligne ou légère, de carabiniers, cuirassiers, dragons, etc.), *et qu'il est présumé être présent audit corps ;* ou (si l'on a le certificat de présence (1) *qu'il est présent audit corps, ainsi qu'il résulte du certificat délivré le* (la date) *par le conseil d'administration du corps.*

Troisième cas. Si le frère du conscrit est mort en activité.

Le nommé (nom et prénoms), *conscrit de* (la classe) *du canton d* (nom du canton), *ayant eu au tirage le n°* (indication du numéro), *est frère du nommé* (prénoms), *conscrit d* (la classe) *du canton d* (nom du canton), *ayant eu au tirage le n°* (indication du numéro), *ou* (si le frère est enrôlé volontaire) *est frère du nommé* (prénoms), *enrôlé volontaire ; que ce dernier a été incorporé, en cette qualité, dans le* (numéro du corps, et indication, si c'est un régiment d'infanterie de ligne ou légère, de carabiniers, cuirassiers, etc.), *et qu'il est présumé être mort en activité de service, ou* (ou si l'on a l'extrait mortuaire (2)) *qu'il est décédé à* (le lieu du décès) *le* (la date), *ainsi qu'il résulte de l'extrait mortuaire délivré le* (la date), *par* (indication de la personne qui a délivré l'acte de décès et de sa qualité).

Quatrième cas. Si le frère du conscrit a été réformé au corps pour blessures ou infirmités contractées au service.

Le nommé (nom et prénoms), *conscrit de* (la classe) *du canton d* (nom du canton), *ayant eu au tirage le n°* (indication du numéro), *est frère du nommé* (prénoms), *conscrit de* (la classe) *du canton d* (nom du canton), *ayant eu au tirage le n°* (indication du numéro), *ou* (si le frère est enrôlé volontaire) *est frère du nommé* (prénoms), *enrôlé volontaire ; que ce dernier a été incorporé, en cette qualité, dans le* (numéro du corps, et indication si c'est un régiment d'infanterie de ligne ou légère, de carabiniers, cuirassiers, dragons, etc.), *et qu'il a été réformé d* (indication du corps) *pour blessures ou infirmités contractées au service, ainsi qu'il résulte du congé de réforme délivré le* (la date) *par le conseil d'administration dudit corps* (3).

Pour les quatre Cas.

Certifions en outre qu'aucun autre frère dudit (nom et prénoms du conscrit réclamant le dépôt) *n'a été placé à la fin du dépôt.*

Fait à *le*

(Signatures des trois pères de conscrits, ou indication qu'ils ne savent signer.)

(Signature du maire.)

(1) Le certificat de présence devra être joint au *certificat de maire.*
(2) On joindra au *certificat de maire* une copie en forme de l'extrait mortuaire.
(3) Une copie authentique du congé de réforme devra être jointe au *certificat de maire.*

MODÈLE coté E.

CERTIFICAT DE MAIRE.

DÉPARTEMENT
d

CANTON
d

COMMUNE
d

CONSCRIT réclamant le placement à la fin du Dépôt, comme frère d'un (conscrit, ou enrôlé volontaire) *en activité de service* (ou mort au service, ou réformé pour blessures ou infirmités contractées au service) *et ayant un ou plusieurs frères dans le Dépôt de droit*, ou *dans le Dépôt du sort*, ou *dans l'exception.*

Nous soussigné (comme au modèle coté D, jusques et non compris *Certifions en outre*),

Certifions, en outre, que le conscrit ci-dessus dénommé et réclamant le placement à la fin du dépôt a (le nombre) *autres frères qui, appartenant à une classe de conscription déjà appelée, se trouvent dans les situations ci-après :*

Frères placés au dépôt de droit, ou au dépôt du sort, ou jouissant de l'exception sans appartenir au service de terre ou de mer.		Frères en activité, ou décédés, ou réformés au service.	
1° Frère placé à la fin du dépôt.	*Ses prénoms*................. *Sa classe*................. *Son canton*................. *Son numéro de tirage*.................	1° Frère actuellement en activité de service comme conscrit.	*Ses prénoms*................. *Sa classe*................. *Son canton*................. *Son numéro de tirage*................. *Son corps*.................
2° Frère placé au dépôt du sort.	*Ses prénoms*................. *Sa classe*................. *Son canton*................. *Son numéro de tirage*.................	2ᵈ Frère décédé en activité de service, comme enrôlé volontaire.	*Ses prénoms*................. *Sa classe*................. *Son canton*................. *Son numéro de tirage*................. *Corps dont il faisait partie avant son décès*.................
3° Frère jouissant de l'exception.	*Ses prénoms*................. *Sa classe*................. *Son canton*................. *Son numéro de tirage*................. *Cas d'exception dans lequel il se trouve*.................	3° Frère réformé pour infirmités acquises ou blessures reçues au service.	*Ses prénoms*................. *Sa classe*................. *Son canton*................. *Son numéro de tirage*................. *Corps dans lequel il a été réformé*.................

Le nombre de ceux des frères du conscrit dénommés ci-dessus, et réclamant le placement à la fin du dépôt, qui sont en activité, ou qui sont morts, ou qui ont été réformés sous les drapeaux, excédant le nombre de ceux de ses frères qui sont au dépôt de droit, ou au dépôt du sort, ou qui jouissent de l'exception, ce conscrit a droit au placement à la fin du dépôt.

(Les exemples que présentent les nᵒˢ 1, 2 et 3 ci-dessus, s'appliqueront, suivant les cas, à un plus ou moins grand nombre de frères.)

Fait à *le*

(Signatures des trois pères de conscrits, ou indication qu'ils ne savent signer.)

(Signature du maire.)

Modèle coté F.

DÉPARTEMENT
d

CANTON
d

COMMUNE
d

CERTIFICAT DE MAIRE

Pour le placement à la fin du dépôt, d'un Conscrit fils aîné d'une femme actuellement veuve.

Nous soussigné (comme au modèle côté D),

Certifions, sous notre responsabilité personnelle, et après nous être assuré de l'exactitude de l'attestation qui nous a été faite, que le nommé (nom et prénoms), *fils de feu* (prénoms du père) *et de* (nom et prénoms de la mère vivante), *laquelle est domiciliée dans notre commune, conscrit de* (la classe) *du canton d* (nom du canton), *ayant eu au tirage le n°* (indication du numéro) *est aîné des fils de ladite* (nom et prénoms de la mère), *sa mère actuellement veuve.*

Certifions, en outre, que le conscrit ci-dessus dénommé pourvoit, par son travail, à la subsistance de sa mère, et qu'il lui est absolument nécessaire.

Fait à *le*

(Signatures des trois pères de conscrits, ou indication qu'ils ne savent signer.)

(Signature du Maire.)

MODÈLE coté G.

DÉPARTEMENT
d

CANTON
d

COMMUNE
d

CERTIFICAT DE MAIRE

Pour le placement à la fin du Dépôt, d'un Conscrit qui a un ou plusieurs frères ou sœurs moins âgés que lui, enfans de même père que lui, et comme lui orphelins de père et mère.

NOUS SOUSSIGNÉ (comme au modèle coté D),

Certifions, sous notre responsabilité personnelle, et après nous être assuré de l'exactitude de l'attestation qui nous a été faite, que le nommé (nom et prénoms), *né le* (date de la naissance), *fils de feu* (prénoms du père) *et de feue* (nom et prénoms de la mère), *conscrit de* (la classe), *du canton d* (nom du canton), *ayant eu au tirage le N°* (indication du numéro), *a* (nombre de frères et sœurs) *frères ou sœurs moins âgés que lui, enfans de même père que lui, et comme lui orphelins de père et de mère; savoir : le nommé* (prénoms d'un frère moins âgé), *né le* (date de la naissance); *la nommée* (prénoms d'une sœur moins âgée) *née le* (date de la naissance), *etc.*

Certifions en outre que le conscrit ci-dessus dénommé pourvoit, par son travail, à la subsistance de son frère, ou de sa sœur, ou de ses frères et sœurs, et qu'il lui est ou leur est absolument nécessaire.

Fait à *le*

(Signature des trois pères de conscrits, ou indication qu'ils ne savent signer.)

(Signature du Maire.)

Modèle coté H.

DÉPARTEMENT
d

CANTON
d

COMMUNE
d

CERTIFICAT DE MAIRE

Pour le placement à la fin du Dépôt, d'un Conscrit dont le père aura soixante-onze ans révolus, avant le jour fixé pour le départ.

NOUS SOUSSIGNÉ (comme au modèle coté D),

Certifions, sous notre responsabilité personnelle, et après nous être assuré de l'exactitude de l'attestation qui nous a été faite, que le nommé (nom et prénoms), *conscrit de* (la classe) *du canton d* (nom du canton), *ayant eu au tirage le N°* (indication du numéro), *est fils d* (prénoms du père) *et d* (nom et prénoms de la mère), *et que ledit* (prénoms du père), *père du conscrit, aura soixante-onze ans révolus avant le jour fixé pour le départ, étant né le* (date de la naissance du père).

Certifions, en outre, que le conscrit ci-dessus dénommé pourvoit, par son travail, à la subsistance de son père et qu'il lui est absolument nécessaire.

Certifions enfin qu'aucun autre frère du conscrit ci-dessus dénommé n'a été placé à la fin du dépôt.

Fait à *le*

(Signature des trois pères de conscrits, ou indication qu'ils ne savent signer.)

(Signature du Maire.)

N. B. L'acte de naissance du père du conscrit devra être joint au *Certificat de Maire.*

MODÈLE coté I.

DÉPARTEMENT
d

CANTON
d

COMMUNE
d

CERTIFICAT DE MAIRE

Pour le placement à la fin du Dépôt, d'un Conscrit dont le père sera mort, mais dont le grand-père ou la grand'mère veuve aura soixante-onze ans révolus avant le jour fixé pour le départ.

NOUS SOUSSIGNÉ (comme au modèle coté D),

Certifions, sous notre responsabilité personnelle, et après nous être assuré de l'exactitude de l'attestation qui nous a été faite, que le nommé (nom et prénoms), *conscrit de* (la classe) *du canton d* (nom du canton), *ayant eu au tirage le n°* (indication du numéro), *est fils d* (prénoms du père), *et d* (nom et prénoms de la mère); *que son père est mort, et que ce conscrit est le seul soutien d* (nom et prénoms du grand-père ou de la grand'mère veuve) *qui aura soixante-onze ans révolus avant le jour fixé pour le départ, étant né ou née le* (date de la naissance du grand-père ou de la grand'mère).

Certifions en outre,

1° *Qu'aucun autre frère du conscrit ci-dessus dénommé n'a été placé à la fin du dépôt;*

2° *Qu'aucun autre petit-fils du grand-père ou de la grand'mère n'a été placé à la fin du dépôt, comme étant son soutien.*

Fait à *le*

(Signature des trois pères de conscrits, ou indication qu'ils ne savent signer.)

(Signature du Maire.)

N. B. L'acte de décès du père du conscrit et l'acte de naissance du grand-père ou de la grand'mère veuve devront être joints au *Certifica de Maire.*

MODÈLE coté K.

DÉPARTEMENT

FEUILLE INDIVIDUELLE.

NUMÉRO DU CORPS.

INDICATION de l'arme de ce corps.

CONSCRIT dont le frère a été placé provisoirement à la fin du dépôt, et qui est annoncé comme présent sous les drapeaux, ou mort en activité de service.

Renseignemens donnés par le Préfet.	NOMS des DEUX CONSCRITS.	PRÉNOMS de celui qui est annoncé présent ou mort sous les drapeaux.	SA CLASSE.	SON DOMICILE avant son entrée au service.	NOMS ET PRÉNOMS de SES PÈRE ET MÈRE.	DATE de son incorporation.	CLASSE de son frère.	LEVÉE dont le frère a fait partie.	OBSERVATIONS.

Certifié par le Préfet, à *le*

(Signature du Préfet.)

Renseignemens littéra-ement extraits du registre atricule, et fournis par e corps sur le frère du onscrit réclamant le pla-ement à la fin du dépôt.	NOM DU CONSCRIT annoncé présent ou mort sous les drapeaux.	SES PRÉNOMS.	SA CLASSE.	SON DOMICILE avant son entrée au service.	NOMS ET PRÉNOMS de SES PÈRE ET MÈRE.	DATE de son incorporation.	COLONNE Ouverte pour que le corps y indique si le conscrit est présent, ou mort, ou rayé comme absent, ou passé dans un autre corps; s'il sert comme conscrit, ou enrôlé volontaire, ou réfractaire.	OBSERVATIONS.

Certifié : Les Membres du Conseil d'Administration, à *le*

(Signature des Membres du Conseil.)

Vu. Le Sous-inspecteur aux revues ayant la police du corps.

Modèle n° 10.
Instruction générale sur la Conscription, art. 273.

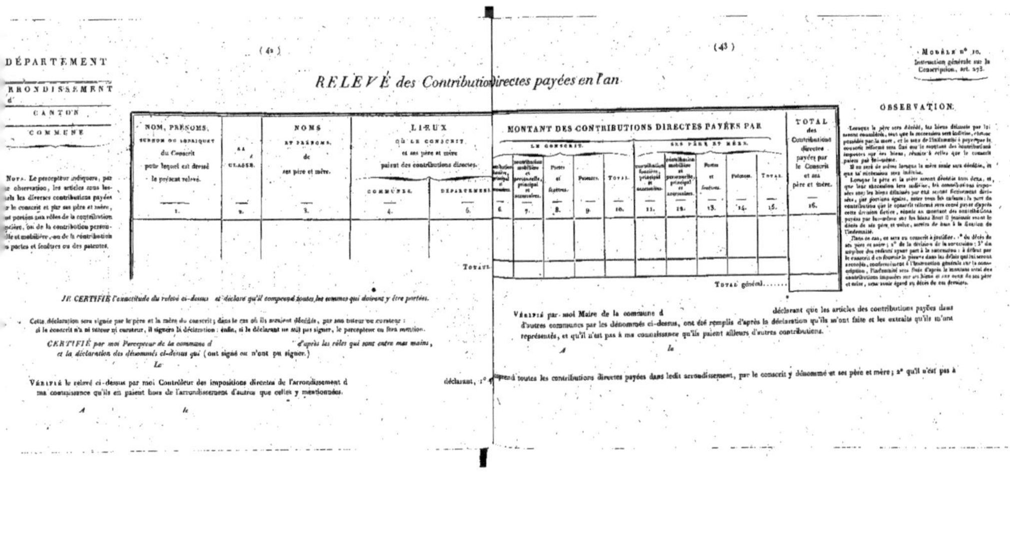

DÉPARTEMENT

[A]RRONDISSEMENT d'

CANTON

COMMUNE

...e observation, les articles sous les...els les diverses contributions payées ...r le conscrit et par ses père et mère, ...nt portées aux rôles de la contribution ...ncière, ou de la contribution person...lle et mobilière, ou de la contribution ...s portes et fenêtres ou des patentes.

Nota. Le percepteur indiquera, par

RELEVÉ des Contributio[ns] Directes payées en l'an

NOM, PRÉNOMS, SURNOM OU SOBRIQUET du Conscrit pour lequel est dressé le présent relevé.	SA CLASSE.	NOMS ET PRÉNOMS de ses père et mère.	LIEUX OÙ LE CONSCRIT et ses père et mère paient des contributions directes.		MONTANT DES CONTRIBUTIONS DIRECTES PAYÉES PAR										TOTAL des Contributions directes payées par le Conscrit et ses père et mère.
					LE CONSCRIT.					SES PÈRE ET MÈRE.					
			COMMUNES.	DÉPARTEMENTS.	Contribution foncière, principal et accessoires.	Contribution mobilière et personnelle, principal et accessoires.	Portes et fenêtres.	Patentes.	TOTAL.	Contribution foncière, principal et accessoires.	Contribution mobilière et personnelle, principal et accessoires.	Portes et fenêtres.	Patentes.	TOTAL.	
1.	2.	3.	4.	5.	6.	7.	8.	9.	10.	11.	12.	13.	14.	15.	16.
				TOTAUX.											
														TOTAL général.......	

OBSERVATION.

Lorsque le père sera décédé, les biens délaissés par lui seront considérés, tant que la succession sera indivise, comme possédés par la mère, et le taux de l'indemnité à payer par le conscrit réformé sera fixé sur le montant des contributions imposées sur ces biens, réunies à celles que le conscrit paiera par lui-même.

Il en sera de même lorsque la mère seule sera décédée, et que la succession sera indivise.

Lorsque le père et la mère seront décédés tous deux, et que leur succession sera indivise, les contributions imposées sur les biens délaissés par eux seront fictivement divisées, par portions égales, entre tous les enfans ; la part de contribution que le conscrit réformé sera censé payer d'après cette division fictive, réunie au montant des contributions payées par lui-même sur les biens dont il jouissait avant le décès de ses père et mère, servira de base à la fixation de l'indemnité.

Dans ce cas, ce sera au conscrit à justifier, 1° du décès de ses père et mère ; 2° de la division de la succession ; 3° du nombre des enfants ayant part à la succession : à défaut par le conscrit d'en fournir la preuve dans les délais qui lui seront accordés, conformément à l'instruction générale sur la conscription, l'indemnité sera fixée d'après le montant total des contributions imposées sur ses biens et sur ceux de ses père et mère, sans avoir égard au décès de ces derniers.

JE CERTIFIE l'exactitude du relevé ci-dessus et déclare qu'il comprend toutes les sommes qui doivent y être portées.

Cette déclaration sera signée par le père et la mère du conscrit ; dans le cas où ils seraient décédés, par son tuteur ou curateur : si le conscrit n'a ni tuteur ni curateur, il signera la déclaration : enfin, si le déclarant ne sait pas signer, le percepteur en fera mention.

CERTIFIÉ par moi Percepteur de la commune d' d'après les rôles qui sont entre mes mains, et la déclaration des dénommés ci-dessus qui (ont signé ou n'ont pu signer.)

Le

Vérifié par moi Maire de la commune d' déclarant que les articles des contributions payées dans d'autres communes par les dénommés ci-dessus, ont été remplis d'après la déclaration qu'ils m'ont faite et les extraits qu'ils m'ont représentés, et qu'il n'est pas à ma connaissance qu'ils paient ailleurs d'autres contributions.

A *le*

Vérifié le relevé ci-dessus par moi Contrôleur des impositions directes de l'arrondissement d' déclarant, 1° [illegible]prend toutes les contributions directes payées dans ledit arrondissement, par le conscrit y dénommé et ses père et mère ; 2° qu'il n'est pas à ma connaissance qu'ils en paient hors de l'arrondissement d'autres que celles y mentionnées.

A *le*

DÉPARTEMENT
d

ARRONDISSEMENT
d

CANTON
d

CLASSE DE L'ANNÉE

MODÈLE
Art. 2
de l'Instructio

ÉTAT Nominatif des Conscrits du canton d
désignés comme devant faire partie du contingent de l'armée activ

SÉRIE DU TIRAGE du canton.	1° NOM DE FAMILLE du conscrit ; 2° Prénoms ou noms de baptême ; 3° Surnom ou sobriquet.	DATE DE LA NAISSANCE du conscrit. 1° Jour ; 2° Mois ; 3° An.	TAILLE du CONSCRIT. Mètre.	TAILLE du CONSCRIT. Millimèt.	RÉSIDENCE PERSONNELLE DU CONSCRIT. 1° Commune ; 2° Canton ; 3° Département ; 4° Ou indication qu'il habite avec ses père et mère.	NOMS, PRÉNOMS, DES PÈRE ET MÈRE DU CONSCRIT, et commune de leur domicile. 1° Prénoms du père ; 2° Noms et prénoms de la mère ; 3° Commune de leur domicile.	PROFESSION.	OBSERVA
1.	2.	3.	4.		5.	6.	7.	8.

Nota. Les états supplémentaires qui seront formés pour les désignations complémentaires, seront en tout conformes au présent modèle : seulement, au lieu du titre : *Etat nominatif des Conscrits*, etc., on portera le titre suivant : *Etat supplémentaire des Conscrits du canton d dont les noms ont été proclamés comme devant servir à compléter les contingents appelés à l'activité.*

MODÈLE N° 12.

Instruction générale, art. 395.

DÉPARTEMENT

d

PROCÈS-VERBAL

DE CLOTURE

De la première partie de la Session ordinaire du Conseil de recrutement consacrée à l'apurement de la classe de

MODÈLE N°. 12 A.

Instruction générale, art. 396.

EXTRAIT
DU REGISTRE DES DÉLIBÉRATIONS
DU CONSEIL DE RECRUTEMENT

du Département d pour la Classe de

SÉANCE tenue le pour la clôture de la première partie de la session ordinaire de 181

LE Conseil de recrutement, assemblé conformément au chapitre VII du titre 1er de l'Instruction générale, ayant apuré la classe de appelée antérieurement à la présente session ordinaire, et exécuté toutes les dispositions du chapitre V du même titre, a fait extraire de son registre des délibérations et des listes de tirage converties en tableau général de conscription,

1° Le compte général, numérique et sommaire destiné à faire connaître la situation actuelle de la classe de

2° Le compte numérique et sommaire des conscrits n'appartenant pas au département, mais examinés comme absens de leurs cantons depuis la clôture de la seconde partie de la précédente session ordinaire.

Le Conseil a fait joindre à ces deux comptes,

Si la classe est celle dont l'appel a précédé la présente session ordinaire :

1° Le tableau général de conscription de la classe de

2° Un exemplaire des listes générales par canton, de l'émargement de ce tableau ;

3° La liste des conscrits qui ont obtenu des délais pour compléter la production des pièces prouvant leur droit à l'exception ou au placement à la fin du dépôt.

Si la classe est l'une des classes plus anciennement appelées :

1° Les listes supplémentaires par canton, de l'émargement du tableau général de conscription de la classe de

2° La liste des conscrits qui ont obtenu des délais pour compléter la production des pièces prouvant leurs droits à l'exception ou au placement à la fin du dépôt.

Après avoir arrêté et signé lesdits comptes et listes, le Conseil a fait annexer les deux comptes à son registre des délibérations pour la classe de et y a fait joindre un exemplaire des listes (générales ou supplémentaires) d'émargement.

Le Conseil a ensuite arrêté son registre par la présente délibération, qui a été immédiatement certifiée et signée par chacun de ses membres.

Signé

Pour copie conforme :

Le Préfet du département d

MODÈLE N° 12 B.

Instruction générale, art. 396.

DÉPARTEMENT

d

COMPTE

GÉNÉRAL ET SOMMAIRE

SUR

LES CONSCRITS

de la classe de

COMPTE GÉNÉRAL ET SOMMAIRE su[onscrits] de la classe de

O[BS]ATIONS.

1° Les réfractaires condamnés ne peuvent être portés que dans la 20e colonne, lors même que, depuis leur condamnation, ils auraient été reconnus ma[...] réforme, de la radiation, etc., ou qu'ils seraient morts, ou qu'ils auraient été arrêtés, ou qu'ils seraient rentrés depuis la même époque. L'inscription de c[...] hommes dans la 20e colonne suffit, quant à la formation de ce compte. Les autres renseignemens à recueillir à leur égard doivent, soit qu'o[n ...] qu'on les maintienne au nombre des réfractaires, se trouver sur les contrôles de la poursuite individuelle et sur ceux du recouvrement des amendes.

2° Lorsqu'un conscrit est ajourné, il est toujours susceptible d'être repris pour sa classe, toutes les fois qu'il y a un appel à faire pour compl[éter les cont]ingens; mais lorsque la levée primitive de la classe à laquelle il a été ajourné est ordonnée, ce conscrit, s'il n'a pas encore été repris pour sa class[e ...] cesse définitivement de lui appartenir et doit être porté sur les listes de la nouvelle classe. Les lignes de diminution de la 5e colonne sont u[ti]lisées aux ajournés repris par leur classe. Au reste il est entendu que la dénomination d'ajournés à une classe suivante ne comprend jamais que d[...] conscrits dont le numéro est dans le cas de l'appel.

3° La même observation s'applique aux conscrits renvoyés aux classes suivantes comme appelés de droit à marcher; ces derniers sont principalement [ex]ception ou la faveur du dépôt a dû être retirée, et qui n'ont été dispensés de marcher pour leur propre classe que parce qu'ils en jouissaient enco[re] lors de leur appel.

4° Les lignes d'augmentation des colonnes destinées aux réformés ne peuvent, aux articles présentant les résultats des opérations en session extra[ordinaire, com]prendre que des réformés aux corps, ou des conscrits dont la réforme, prononcée par un conseil en session ordinaire dans un département autre q[ue] le leur, n'a été connue dans leur propre département que postérieurement à la clôture de la session ordinaire.

5° Les colonnes 22, 24 et 26 doivent, dans les lignes de diminution, indiquer les conscrits placés à la fin du dépôt, qu'il a été nécessaire d'en re[m]plir les contingens, de telle sorte que si le dépôt a été totalement épuisé, la dernière ligne des colonnes 21, 22, 23, 24 et 25, ne présente que des guillemet[s ...]

SITUATION DE LA CLASSE.

	FORCE DE LA CLASSE. — Conscrits qui ont été portés au tableau de la classe. — Conscrits qui en font partie par leur âge. 1.	Conscrits des classes antérieures. 2.	TOTAL. 3.	Conscrits qui ayant dû être retirés du tableau, sont à défalquer de la colonne 3. — 1° Morts, dans le délai [illegible] 2° Portés sur les listes par erreur [illegible] 4.	Ayant été ou devant être portés sur le tableau d'une classe postérieure: Ajournés à cette classe. 5.	Renvoyés à cette classe comme appelés de droit à marcher, [illegible] 6.	TOTAL des conscrits à défalquer de la colonne 3. 7.	NOMBRE restant après les défalcations portées dans la colonne 7, ou force de la classe. 8.	CONSCRITS NON SUSCEPTIBLES [DE FAIRE PAR]TIE DES CONTINGENS. — RÉFORMÉS pour défaut de taille. 9.	pour difformités évidentes. 10.	pour infirmités. 11.	TOTAL. 12.	[illegible]	MORTS depuis le tirage. 15.	TOTAL des colonnes 12, 13, 14 et 15. 16.	NOMBRE de conscrits susceptibles de faire partie des contingens. 17.	DÉTAILS SUR PLUSIEURS DES CATÉGORIES QUE PRÉSENTE LA SITUATION DE LA CLASSE. — EXCEPTÉS sur lesquels la décision du conseil est provisoire. 18.	définitif. 19.	CONSCRITS susceptibles de faire partie des contingens, divisés en: conscrits appelés à marcher: [illegible] 20.	conscrits du dépôt. 21.	NOMBRE de conscrits du dépôt qui y ont été placés de droit. 22.	qui y ont été placés par le sort. 23.	NOMBRE de conscrits dont le placement à la fin du dépôt est provisoire. 24.	définitif. 25.	NOMBRE de substitutions. 26.	remplacemens. 27.
Résultats des opérations du Conseil de recrutement pendant sa session ordinaire. (1re partie.)																											
Résultats des opérations du Conseil de recrutement dans sa session extraordinaire, revus en session ordinaire. (Première partie.) — Augmentation.																											
Total																											
Diminution																											
Situation actuelle de la classe																											

Division des conscrits des années antérieures portés dans la colonne N° 2 du présent compte.

CONSCRITS omis sur les listes de la classe dont ils faisaient partie par leur âge.	retirés des listes de leur classe comme renvoyés à la présente classe.	rentrés du tableau de la présente classe et inscrits dans la 2e colonne par leur âge.	CLASSES dont ces conscrits ont fait partie par leur âge.
Total général.			

COMPTE PARTICULIER MÉRIQUE *sur les Conscrits de la classe de 181*

1° Conscrits ayant obtenu l'exception ou l'exemption définitive ou provisoire.

NOMBRE DES CONSCRITS											
Ayant obtenu les grands prix.	Attachés au service des cultes.	Appartenant à l'inscription maritime.	Ouvriers du dépôt de la guerre, et ouvriers des manufactures d'armes.	Entrés avant leur désignation en service des armées de terre et de mer.	Adjoints commissaires des guerres, officiers de santé commissionnés, artistes vétérinaires tirés des écoles de Lyon, Turin et Alfort.	Ayant obtenu de Sa Majesté la permission de servir dans les troupes étrangères.	Jeunes de langues et élèves des diverses écoles désignées par l'instruction générale.	Pages de Sa Majesté.	*Nota.* Ce blanc est ouvert pour les cas rares ou imprévus.	TOTAL.	OBSERVATI
1.	2.	3.	4.	5.	6.	7.	8.	9.	10.	11.	12.

2° Conscrits placés à la fin du dépôt, c'est-à-dire, au dépôt de droit.

s de militaires présens, morts, ou réformés sous les drapeaux, qui ont été placés			FILS aînés de veuves.	FILS ou petits-fils de vieillards de 71 ans.	AÎNÉS d'orphelins.	TOTAL des conscrits placés au dépôt de droit, (y compris la 3e colonne.)	OBSERVATIONS.
ns la première partie du dépôt de droit.	dans la seconde partie du dépôt de droit.	TOTAL.					
1.	2.	3.	4.	5.	6.	7.	8.

DÉPARTEMENT
d

CLASSE
d

MODÈLE
Instruction gén

COMPTE numérique et sommaire sur les Conscrits absens de leurs départemens et présens dans le département d qui ont été examinés par le conseil de recrutement de ce département, depuis la clôture de la session ordinaire de 181

DÉPARTEMENS auxquels APPARTIENNENT ces absens.	NOMBRE de ceux que le conseil a dû examiner comme			TOTAL des absens qui ont dû être examinés.	NOMBRE DE CEUX QUI		TOTAL égal à celui de la colonne 5.	OBSERV
	portés sur les listes individuelles transmises par les préfets.	arrêtés ou découverts, quoique les préfets n'en eussent pas envoyé la liste individuelle.	absens hors de France, et autorisés par décision du Directeur général à s'y rendre et à se faire examiner dans le département.		ont obéi à l'ordre de comparaître, et ont été examinés.	n'ont pas obéi à l'ordre de comparaître, et ont été déclarés premiers à marcher.		
1.	2.	3.	4.	5.	6.	7.	8.	9

Arrêté et signé le présent compte, par nous membres du conseil de recrutement assemblé pour les c de la première partie de sa session ordinaire de 181

A *le* 181

Signé

Pour copie conforme,
Le Préfet,

Modèle N° 31.

Instruction générale. Art. 395.

DÉPARTEMENT

d

CLASSE d

PROCES-VERBAL de clôture de la seconde Partie de la session ordinaire du Conseil de recrutement consacrée aux opérations de l'appel de la Classe ci-dessus indiquée.

MODÈLE N° 13 A.

Instruction générale. Art. 397.

EXTRAIT
DU REGISTRE DES DÉLIBÉRATIONS
DU CONSEIL DE RECRUTEMENT

du Département d pour la Classe d

SÉANCE tenue le pour la clôture de la seconde partie de la session ordinaire de 181

LE Conseil de recrutement, assemblé conformément au chap. VII du titre Ier de l'Instruction générale sur la Conscription, après s'être fait représenter son registre des délibérations, et les listes du tirage des divers cantons du département, pour la classe de 181 , dont l'appel a donné lieu à la présente session ordinaire, en a extrait,

1° Le compte général numérique et sommaire présentant la récapitulation des divers cas où se trouvent les conscrits du département au jour de la clôture de la présente session ordinaire;

2° Le compte particulier et numérique sur les conscrits des classes antérieures renvoyés à la classe de 181 , dont l'appel a donné lieu à la présente session ordinaire;

3° Celui des conscrits ayant obtenu l'exception, ou l'exemption;

4° Celui des conscrits placés à la fin du dépôt, c'est-à-dire, au dépôt de droit;

5° Celui des conscrits qui, après avoir été compris dans les désignations, ont obtenu la suspension de départ comme aspirans à l'école polytechnique, comme élèves des écoles vétérinaires, etc.;

6° Enfin, celui des conscrits n'appartenant pas au département, mais qui, s'y trouvant, ont été examinés par le Conseil de recrutement.

Le Conseil a fait annexer à son registre des délibérations les comptes sommaires et numériques ci-dessus indiqués. Il a ensuite clos sa session ordinaire et arrêté son registre. L'arrêté qu'il y a fait porter a été signé par chacun de ses membres.

Fait à le *Signé*

Pour copie conforme :
Le Préfet,

MODÈLE N° 13 B.

Instruction générale. Art. 397.

DÉPARTEMENT

d

CLASSE d

COMPTE GÉNÉRAL,

NUMÉRIQUE ET SOMMAIRE

SUR LES

CONSCRITS

de la Classe de

8.

COMPTE GÉNÉRAL, *numérique et sommaire sur les Conscrits de la Classe de*

NUMÉROS des ARRONDISSEMENS de SOUS-PRÉFECTURES.	CANTONS.	SITUATION DE LA CLASSE. FORCE DE LA CLASSE. Conscrits qui ont été portés au tableau de la classe. Conscrits qui en font partie par leur âge.	Conscrits des classes antérieures.	TOTAL.	Conscrits [illegible] de la colonne 5. [illegible]	NOMBRE restant après les défalcations portées dans la colonne 6, ou force de la classe.	CONSCRITS NON SUSCEPTIBLES DE FAIRE PARTIE DES CONTINGENTS. RÉFORMÉS pour défaut de taille.	pour difformités.	pour infirmités.	TOTAL.	Exceptés.	[illegible] de service dans la ligne.	MORTS depuis le tirage.	TOTAL des colonnes 11, 12, 13 et 14.	[illegible]	DÉTAILS SUR PLUSIEURS DES CATÉGORIES QUE PRÉSENTE LA SITUATION DE LA CLASSE. EXCEPTÉS [illegible]	[illegible]	CONSCRITS qui se sont mis hors d'état de servir dans la ligne; [illegible] dans les [illegible]	hors d'état de faire aucun service et [illegible] à fournir un suppléant.	[illegible]	CONSCRITS SUSCEPTIBLES DE FAIRE PARTIE DES CONTINGENTS, ayant été compris dans les désignations, [illegible]	[illegible]	[illegible]	[illegible]	[illegible]	non compris dans les désignations, et formant le dépôt.	NOMBRE de Conscrits du dépôt qui y ont été placés de droit.	qui y ont été placés par le sort.	NOMBRE de Conscrits dont le placement à la fin du dépôt est provisoire.	définitif.	NOMBRE de substitutions et remplacements opérés. Substitutions.	Remplacemens.
1.	2.	3.	4.	5.	6.	7.	8.	9.	10.	11.	12.	13.	14.	15.	16.	17.	18.	19.	20.	21.	22.	23.	24.	25.	26.	27.	28.	29.	30.	31.	32.	33.
	TOTAUX......																															

ARRÊTÉ le présent Compte général par nous, Membres du Conseil de recrutement A le

Signé

Pour copie conforme :
Le Préfet,

MODÈLE N° 13 C.

Instruction générale, art. 397.

Comptes particuliers et numériques sur les Conscrits de la Classe de 18

1° Conscrits des classes antérieures renvoyés à la classe actuellement appelée.

NOMBRE des Conscrits des classes antérieures renvoyés à la classe actuellement appelée, qui			DIVISION DES CONSCRITS COMPRIS DANS LA PREMIÈRE COLONNE, en				CLASSES dont LES CONSCRITS compris dans la première colonne ont fait partie par leur âge.	OBSERVATIONS.
ont été portés sur les listes de cette classe.	ont été omis sur les listes de cette classe et ont été renvoyés à la classe postérieure la première à appeler.	TOTAL.	omis sur les listes de leur classe et admis à ne marcher qu'à leur numéro de tirage.	omis sur les listes de leur classe et déclarés premiers à marcher pour le compte de la classe actuellement appelée.	retirés des listes de leur classe comme renvoyés à la classe actuellement appelée.	TOTAL égal au nombre porté dans la première colonne.		*Nota.* Chacune des classes, dont un ou plusieurs conscrits auront été compris sur les listes de la classe actuellement appelée, aura un article séparé dans le présent compte.
1.	2.	3.	4.	5.	6.	7.	8.	9.

2° Conscrits ayant obtenu l'exception ou l'exemption.

NOMBRE DES CONSCRITS										TOTAL.	OBSERVATIONS.
Ayant obtenu les grands prix.	Attachés au service des cultes.	Appartenant à l'inscription maritime.	Graveurs du dépôt de la guerre, et ouvriers des manufactures d'armes.	Entrés avant leur désignation au service des armées de terre et de mer.	Adjoints aux commissaires des guerres, officiers de santé commissionnés, artistes vétérinaires tirés des écoles de Lyon, Turin et Alfort.	Ayant obtenu de Sa Majesté la permission de servir dans les troupes étrangères.	Jeunes de langues et élèves des diverses écoles désignées par l'instruction générale.	Pages de Sa Majesté.	*Nota.* Ce blanc est ouvert pour les cas rares et imprévus.		
1.	2.	3.	4.	5.	6.	7.	8.	9.	10.	11.	12.

3° *Conscrits placés à la fin du dépôt, c'est-à-dire, au dépôt de droit.*

Frères de militaires présents, morts ou réformés sous les drapeaux, qui ont été placés			FILS aînés de Veuves.	FILS OU PETITS-FILS de Vieillards de 71 ans.	AÎNÉS d'Orphelins.	TOTAL DES CONSCRITS placés au dépôt de droit (y compris le total de la 3e colonne.)	*OBSERVATIONS.*
dans la première partie du dépôt de droit.	dans la seconde partie du dépôt de droit.	TOTAL.					
1.	2.	3.	4.	5.	6.	7.	8.

4° *Conscrits qui, après avoir été compris dans les désignations, ont obtenu une suspension de départ.*

ASPIRANS à l'École polytechnique.	ÉLÈVES des Écoles vétérinaires.	FILS de colons réfugiés.	ÉLÈVES des Écoles des arts, prétendant à l'exception.	REQUIS par le Gouvernement pour un service momentané.	DÉTENUS momentanément.	TOTAL.
1.	2.	3.	4.	5.	6.	7.

ARRÊTÉ les quatre présens comptes particuliers, par nous, Membres du Conseil de recrutement.

A *le*

Signé

Pour copie conforme :

Le Préfet,

MODÈLE N° 13 D.

Instruction générale. Art. 397.

DEPARTEMENT

d

CLASSE

d

COMPTE numérique et sommaire sur les Conscrits absens de leurs Départemens et présens dans le Département d   qui ont été examinés par le Conseil de recrutement de ce Département, pendant la durée des opérations de la seconde partie de sa session ordinaire de 181

DEPARTEMENS auxquels APPARTIENNENT ces absents.	NOMBRE de ceux que le Conseil a dû examiner comme			TOTAL DES ABSENS qui ont dû être examinés.	NOMBRE de ceux qui		TOTAL ÉGAL à celui de la colonne 5.	*OBSERVATIONS.*
	portés sur les listes individuelles transmises par les préfets.	arrêtés ou découverts, quoique les préfets n'en eussent pas envoyé la liste individuelle.	absens hors de France, et autorisés par décision du Directeur général à s'y rendre, et à se faire examiner dans le département.		ont obéi à l'ordre de comparaître, et ont été examinés.	n'ont pas obéi à l'ordre de comparaître, et ont été déclarés premiers à marcher.		
1.	2.	3.	4.	5.	6.	7.	8.	9.

ARRÊTÉ et signé le présent compte, par nous, Membres du conseil de recrutement assemblé pour les opérations de la seconde partie de sa session ordinaire de 181

A   *le*   181

Signé

Pour copie conforme :

Le Préfet,

RÉGIMEMT
D'INFANTERIE
de

DÉPARTEMENT
d

MODÈLE n° 14.
Art. 438 de l'Instruction générale.

ÉTAT nominatif des Officiers et Sous-officiers composant le Détachement de Recrutement.

NOMS ET PRÉNOMS.	AGE.	1° GRADE et classe ; 2° Ancienneté dans le grade ; 3° Date de l'arrivée dans le département.	LIEUX DE RÉSIDENCE. 1° Commune ; 2° Canton.	APTITUDE, zèle et moralité de chaque Officier et Sous-officier du Détachement. Opinion particulière à cet égard, du Capitaine de recrutement.	du Préfet.	MUTATIONS.
1.	2.	3.	4.	5.	6.	7.
		1° 2° 3°	1° 2°			

NOTA. Ce tableau doit contenir trois cases de plus.

RÉGIMENT

d

MODÈLE n° 15.
Art. 438 de l'Instruction générale.

ÉTAT des Mutations survenues dans le Détachement de recrutement du département d pendant le trimestre de l'année.

DÉPARTEMENT

d

ARRONDISSEMENT.	NOM ET PRÉNOMS de l'Officier ou Sous-officier cessant de faire partie du Détachement.	NOM ET PRÉNOMS de celui par qui IL EST REMPLACÉ.	SON ÂGE.	SON GRADE et SA CLASSE.	SON ANCIENNETÉ dans LE GRADE.	LIEU OÙ IL DOIT ÊTRE EMPLOYÉ. COMMUNE.	CANTON.	OBSERVATIONS.

Fait à *le*

Le Capitaine du *Régiment d* *employé au recrutement dans le département d*

DÉPARTEMENT
d

MODÈLE n° 16.
Art. 446 de l'Instruction générale.

TABLEAU

Par rang de taille comprenant les Conscrits de la classe de désignés pour marcher.

NUMÉRO d'ordre ou d'inscription sur le tableau par rang de taille. 1.	NUMÉRO de tirage. 2.	1° Nom de famille du Conscrit ; 2° Prénoms ou noms de baptême ; 3° Surnom ou sobriquet. 3.	SIGNALEMENT. 4.	PROFESSION de chaque conscrit. 5.	TAIL[illegible] de chaque c[illegible] Mètres 6.	[illegible]	DÉSIGNATION DE L'ARME à laquelle les Conscrits ont été jugés propres par le Capitaine de Recrutement. 8.	l'Officier général chargé de faire la répartition 9.	COLONNE destinée à faire connaître si le Conscrit ne s'est pas présenté à la revue du départ. 10.	MUTATIONS. *Nota.* Cette colonne est destinée à indiquer les nouvelles décisions prises par le Conseil de recrutement sur le Conscrit porté au tableau par rang de taille, ou la destination donnée à ce conscrit, ce qu'il devient pendant la route, et son incorporation. 11.
		1° 2° 3°	Fils de et de domiciliés à canton d département d né le à canton d département d domicilié à canton d département d cheveux sourcils yeux front nez bouche menton visage teint marques particulières.							

Nota. *Ce tab*[illegible] *deux cases de plus.*

N. B. Le capitaine de recrutement portera d'abord sur cet état les conscrits dont la taille sera la plus élevée. Il y portera ensuite les conscrits dont h[illegible] le plus de ceux qui auront été inscrits les premiers. Il continuera d'inscrire de cette manière tous les conscrits destinés à figurer sur le tableau par rang de taille, en observant dans cette inscription une proportion décroissante, de manière que les plus petits se trouvent être les derniers inscrits.

Les feuilles de têtes et les feuilles intercalaires du tableau par rang de taille, seront imprimées et fournies aux capitaines de recrutement.

CONTROLE DE DÉPART

NUMÉROTÉ

(MM. les capitaines de recrutement auront soin de désigner successivement par les chiffres 1, 2, 3, etc. chacun des contrôles qu'ils seront dans le cas de dresser.)

MODÈLE N° 17.

Art. 468 de l'Instruction générale.

CLASSE DE 181

APPEL ORDONNÉ PAR LE DÉCRET DU 181

DÉPARTEMENT d

CONTROLE DE DÉPART des Conscrits et suppléans de Conscrits, appelés en déduction du contingent levé sur la classe de 181 *dirigé le* 181 *sur le régiment d stationné à , partis sous le commandement de M. accompagné des sieurs et du sieur sous-officier chargé spécialement de la tenue du contrôle, et devant arriver à leur destination le* 181

Observations pour MM. les Capitaines de recrutement.

Les capitaines de recrutement ne comprendront sur les contrôles d'une classe que les conscrits appartenant à cette classe, soit par leur âge, soit comme conscrits de classes antérieures envoyés à la classe actuellement appelée.

Ils y comprendront de même les suppléans.

Les conscrits seront inscrits d'abord; les suppléans le seront ensuite. Au-dessous du nom du suppléant, dans la 4ᵉ colonne du contrôle, on indiquera la classe de conscription à laquelle appartient, et on portera les nom, prénoms, commune, canton du conscrit qu'il suppléera. Le numéro de tirage, inscrit dans la deuxième colonne, sera celui qui sera échu au conscrit suppléé.

Si des conscrits comptant en déduction d'une classe antérieure à celle qui est actuellement appelée, sont mis en route avec ceux qui compteront pour cette dernière classe, les capitaines de recrutement en dresseront des contrôles séparés pour chacune des classes auxquelles ces jeunes gens appartiendront.

Lorsque des conscrits, après avoir abandonné en route un premier détachement, ou l'avoir quitté pour entrer à l'hôpital, rentreront dans leur département et seront admis à se rendre aux corps avec un nouveau détachement, ils ne seront pas compris sur le contrôle de ce dernier détachement; mais les capitaines de recrutement les inscriront sur des feuilles entièrement semblables au présent modèle, et intitulées: *Extrait du contrôle* (numéroté) *des conscrits et suppléans de conscrits appelés en déduction, etc.* (comme au titre de ce modèle). Les mots EXTRAIT *du* seront ajoutés à la main. Les conscrits conserveront, dans les extraits, le numéro d'ordre sous lequel leur nom aura été porté au contrôle primitif.

Au reste, le titre II de l'Instruction générale sur la mise en route, le voyage et l'incorporation des conscrits, indique les dispositions qui doivent être suivies par les capitaines de recrutement, les officiers conducteurs des détachemens, et les chefs de corps, relativement à la formation des contrôles, à leur tenue pendant la route, et aux récépissés que doivent y apposer les autorités locales pour les déserteurs ou les hommes qui entrent aux hôpitaux, ou ceux qui meurent, ou ceux qui sont remis à la gendarmerie, et les chefs de corps pour les conscrits qui parviennent à leur destination.

Les feuilles de tête et les feuilles intercalaires du contrôle seront fournies aux capitaines de recrutement.

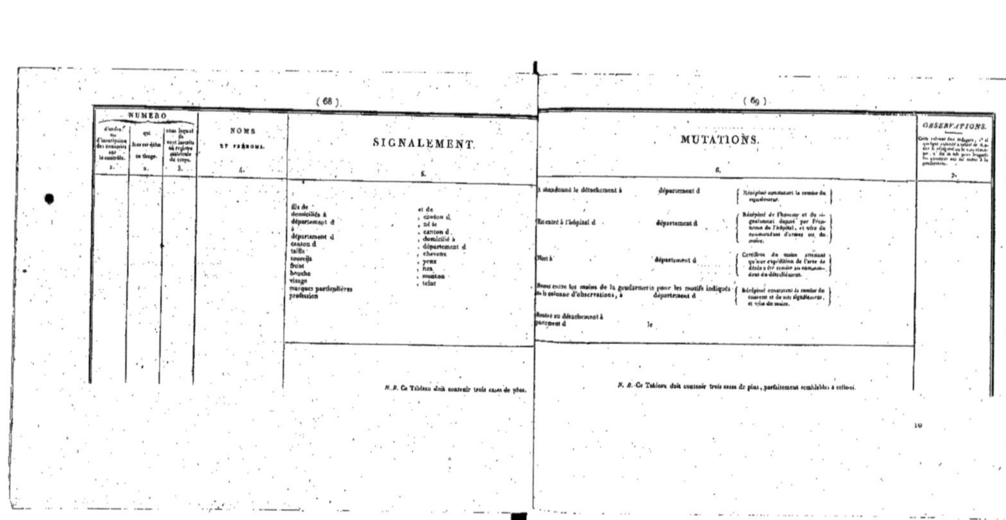

NUMERO			NOMS ET PRÉNOMS.	SIGNALEMENT.	MUTATIONS.	OBSERVATIONS.
d'ordre ou d'inscription des conscrits sur le contrôle.	qui leur est échu au tirage.	sous lequel ils sont inscrits au registre matricule du corps.				Cette colonne doit indiquer, 1° si quelque conscrit a refusé de [illegible] [illegible]
1.	2.	3.	4.	5.	6.	7.
				fils de , et de domiciliés à , canton d département d , né le à , canton d département d , domicilié à canton d , département d taille , cheveux sourcils , yeux front , nez bouche , menton visage , teint marques particulières profession	A abandonné le détachement à département d (Récépissé constatant la remise du signalement.) Est entré à l'hôpital d département d (Récépissé de l'homme et du signalement donné par l'économe de l'hôpital, et visa du commandant d'armes ou du maire.) Mort à département d (Certificat du maire attestant qu'une expédition de l'acte de décès a été remise au commandant du détachement.) Remis entre les mains de la gendarmerie pour les motifs indiqués en la colonne d'observations, à département d (Récépissé constatant la remise du conscrit et de son signalement, et visa du maire.) Rentré au détachement à département d le	

N. B. Ce Tableau doit contenir trois cases de plus.

N. B. Ce Tableau doit contenir trois cases de plus, parfaitement semblables à celle-ci.

CERTIFIÉ le présent contrôle comprenant :

Conscrits...
Suppléans...
TOTAL...

Vu : le Préfet du département ; Le Capitaine de recrutement,

INSPECTION DES HOMMES

ARRIVANT SOUS LES DRAPEAUX.

Nous (1)
avons procédé à l'inspection du détachement des conscrits et suppléans compris au contrôle de signalement des autres parts, et certifions les détails ci-après : Hommes.

Force du détachement ou nombre des hommes portés au contrôle..............
Présens à l'arrivée.....................................
Fuyards en route.....................................
Morts en route.....................................
Déposés aux hôpitaux sur la route.....................................
Remis pendant la route entre les mains de la gendarmerie.....................................

Les fuyards en route sont inscrits au contrôle de signalement, sous les Nos
Les morts y sont portés sous les Nos
Les hommes déposés aux hôpitaux, sous les Nos
Les hommes remis à la gendarmerie, sous les Nos

Les conscrits et suppléans présens ont tous été inscrits, même ceux qui n'ont pas été trouvés propres au service, au registre-matricule du corps, et les numéros qu'ils y occupent ont été reportés à l'article de chacun d'eux, sur le contrôle de signalement.

Les feuilles individuelles de signalement des fuyards, des hommes déposés aux hôpitaux et des absens, pour quelque cause que ce soit, à l'exception des hommes morts en route et des conscrits remis à la gendarmerie, ont été formées et restent déposées aux archives du corps.

(2)

(3)

RÉCÉPISSÉ.

Nous reconnaissons que les (4) *conscrits et suppléans désignés ci-dessus comme présens, et dont nous avons constaté l'identité par la vérification de leur signalement, ont été fournis au* (5).......

Fait à *le*

Signature du commandant du corps, ou du dépôt du corps.

(1) Nom et grade du commandant du corps ou du dépôt.

(2) Faire connaître si les conscrits ou suppléans n'ont élevé aucune plainte contre les officiers et sous-officiers conducteurs : s'ils en ont élevé, indiquer la nature de ces plaintes.

(3) Déclarer si les conscrits ou suppléans sont propres au service ; s'il en est qui n'y soient pas propres, indiquer leurs noms et le n° sous lequel ils ont été portés au contrôle des signalemens ; faire mention de la visite du chirurgien-major et de la remise d'une expédition du certificat de visite à l'officier ou sous-officier conducteur.

(4) Indiquer le nombre.

(5) Indiquer le corps.

Vu par nous sous-inspecteur aux revues ayant la police du corps.
A le

EXTRAIT
DE CONTROLE
DE DÉPART
Numéroté

MODÈLE N° 18.

Art. 494, 500 et 517 de l'Instruction générale.

CLASSE DE 181

APPEL ORDONNÉ PAR LE DÉCRET

du 181

DÉPARTEMENT d

FEUILLE de signalement du nommé (1)
porté au contrôle de départ sous le N° (2)

(1) Les nom et prénoms.

(2) S'il est conscrit, indiquer sa commune, son canton, le numéro qu'il a eu au tirage; s'il est suppléant, donner les mêmes indications, et, de plus, indiquer les nom et prénoms du suppléé, la commune, le canton de ce suppléé et le numéro qu'il a eu au tirage.

SIGNALEMENT.

fils de
et de
domiciliés à canton
d département
d
né le à
d canton
d département
taille cheveux
sourcils yeux
front nez
bouche menton
visage teint
marques particulières
profession

(3) Indiquer le corps.

(4) Indiquer, s'il a abandonné son détachement, le lieu et la date de sa fuite; ou s'il a été déposé dans un hôpital, dans quel hôpital; ou s'il a été remis à la gendarmerie, et la date.

Le dénommé ci-dessus destiné pour (3)
(4)

CERTIFIÉ par le sous-officier chargé de la tenue du contrôle du départ N°
A *le*

Vu et vérifié par le commandant du détachement

Nota. Si le conscrit qui aura été déposé à l'hôpital s'évade, l'économe de l'hôpital indiquera en marge ci-dessus et certifiera l'évasion.

N. B. Ces feuilles seront fournies aux capitaines de recrutement. Les capitaines en remettront à chaque officier ou sous-officier conducteur un nombre d'exemplaires suffisant pour les diverses mutations qui pourront avoir lieu pendant la route.

MODÈLE N° 19.

Art. 526 de l'Instruction générale.

NUMÉRO DU CONTROLE de départ

NUMÉRO de l'inspection

INSPECTION faite au Chef-lieu du Département d   par l'Officier général ou supérieur commandant le département, d'un détachement de Conscrits de la classe de 18   venant du Département d

SITUATION NUMÉRIQUE du Détachement, ou NOMBRE DE CONSCRITS					TOTAL	COLONNES DESTINÉES A FAIRE CONNAITRE				CAUSES DE LA FUITE DES CONSCRITS qui ont abandonné leur détachement, indiquées par		COLONNES DESTINÉES A FAIRE CONNAITRE				CAS IMPRÉVUS, ou OBSERVATIONS
							SI LES CONSCRITS ONT FORMÉ DES PLAINTES ET NATURE DE CES PLAINTES.									
présens.	qui ont abandonné leur détachement.	entrés dans les hôpitaux de la route.	morts.	remis à la gendarmerie.	égal au nombre des Conscrits présens au départ.	Si le commandant du détachement s'est présenté, à son arrivée au chef-lieu, devant le général, pour passer la revue.	S'ils ont reçu, pendant la route, tout ce à quoi ils ont droit.	Si le pain qui leur a été distribué était de bonne qualité.	Si le détachement a [illegible] des Conscrits malades depuis plusieurs jours [illegible] pas été à l'hôpital.	le commandant du détachement.	les Conscrits.	Quelles mesures ont été prises pour prévenir la fuite des Conscrits.	Si le lieu de la fuite est bien celui qui est porté au contrôle.	1° Si le contrôle porte exactement le récépissé des agens des hôpitaux, brigades de gendarmerie, et des maires, les visa des commandans de place [illegible]; 2° si l'expédition des actes de décès a été remise au commandant du détachement.	Si le Général a jugé convenable de faire relever le commandant du détachement ou quelques sous-officiers; les noms et grades des officiers et sous-officiers relevés.	de l'Officier général ou supérieur.
1.	2.	3.	4.	5.	6.	7.	8.	9.	10.	11.	12.	13.	14.	15.	16.	17.

CERTIFIÉ par moi

A   le

N. B. Les feuilles de ce modèle seront fournies aux capitaines de recrutement. Les capitaines en remettront à chaque officier ou sous-officier conducteur un nombre d'exemplaires suffisant pour qu'ils puissent en présenter un au général commandant chacun des départemens au chef-lieu desquels les détachemens devront passer avant d'arriver au corps; ils feront remplir les départemens dont les détachemens devront traverser le chef-lieu, ainsi que le n° du contrôle et celui de l'inspection; le n° 1 de l'inspection sera donné au premier chef-lieu; le n° 2 au second, et ainsi de suite.

EXTRAIT DU CONTROLE
DE DÉPART
Numéroté

Modèle n° 20.

Art. 533 de l'Instruction générale

CLASSE DE 181

Appel ordonné par le Décret du

DEPARTEMENT d

(a) Conscrit ou Suppléant.

(b) Indiquer les motifs de l'absence.

FEUILLE INDIVIDUELLE d'un (a) signalé au Contrôle de départ n° qui, lors de l'incorporation des Conscrits du détachement dont il faisait partie, ne s'est pas trouvé présent à l'inspection (b).

Nota. La page 75 est la suite de celle-ci, et devrait être placée sous ce titre

NUMERO			NOM ET PRÉNOMS de l'individu porté au Contrôle ; et en outre, s'il est suppléant, NOM ET PRÉNOMS du SUPPLÉÉ.	SIGNALEMENT.	MUTATIONS SURVENUES AU CONSCRIT ou Suppléant pendant la route. — NOTA. Ces mutations ne peuvent concerner que les Conscrits ou Suppléans qui ont déserté, ou ont été déposés dans les hôpitaux, attendu que ce sont les seuls pour qui l'on doive former la feuille individuelle. Ces mutations sont le relevé littéral de celles dont l'annotation a été portée au contrôle de départ.	OBSERVATIONS
sous lequel le Conscrit ou suppléant était porté au Contrôle.	qui lui est échu au tirage s'il est Conscrit, ou qui est échu au suppléé s'il est suppléant.	d'inscription au Registre matricule du Corps.				
1.	2.	3.	4.	5.	6.	7.
				Fils de et de domiciliés à canton d département d né le à canton d département d domicilié à canton d département d taille cheveux sourcils yeux front nez bouche menton visage teint marques particulières profession		

Certifié par nous, *Commandant d*

A *le*

Le dénommé ci-dessus est arrivé au Corps le et a été inscrit au Registre matricule sous le numéro indiqué dans la troisième colonne de la présente feuille individuelle.

A le

Le Commandant d

Vu par nous Sous-inspecteur aux revues ayant la police du Corps.

A *le*

N. B. Ces feuilles seront fournies aux Capitaines de recrutement. Les capitaines en remettront à chaque Officier ou Sous-officier conducteur un nombre d'exemplaires suffisant pour les corps auxquels les détachemens seront destinés.

A mesure que chaque Conscrit absent arrivera au corps, la feuille qui le concernera sera renvoyée par le Commandant du corps, revêtue de son récépissé, au Capitaine de recrutement, qui la joindra au contrôle sur lequel l'individu aura été porté, et fera sur la minute de ce contrôle, déposée à la préfecture, l'annotation de son incorporation.

(Indiquer le numero et l'arme du Corps.)

MODÈLE n.° 51.

Art. 536
de l'Instruction générale.

ÉTAT NUMÉRIQUE
D'ARRIVÉE
DE CONSCRITS.

CONSCRITS de la classe de

APPEL ordonné par le décret du

Il sera facile aux chefs de corps de remplir cet état pour chaque détachement, et même pour chaque homme isolé. Il leur suffira, pour éviter toute espèce d'erreurs relativement à la différence des levées et des appels, de dépouiller les contrôles qui leur seront présentés par les officiers conducteurs, ou envoyés par les capitaines de recrutement.

(Indiquer le nom du corps.)

MODÈLE n° 21.

Art. 536 de l'Instruction générale.

ÉTAT NUMÉRIQUE D'ARRIVÉE.

DÉPARTEMENS d'où proviennent les Conscrits.	NOMBRE DES HOMMES PARTIS. Conscrits et suppléans.	NOMBRE DES HOMMES PARTIS. Conscrits restés qui, sur les précédens états et contrôles, ont été portés comme ayant abandonné en route leur détachement.	NOMBRE DES HOMMES PARTIS. Conscrits restés qui, sur les précédens états et contrôles, ont été portés comme absens pour cause légitime.	NOMBRE DES HOMMES PARTIS. TOTAL.	NOMBRE DES HOMMES — ARRIVÉS AU CORPS. Conscrits et suppléans.	ARRIVÉS AU CORPS. Notés sur les précédens états comme ayant abandonné en route leur détachement.	ARRIVÉS AU CORPS. Notés sur les précédens états comme absens.	ARRIVÉS AU CORPS. TOTAL.	Qui ont abandonné en route leur détachement. Conscrits et suppléans.	Qui ont abandonné en route leur détachement. Notés sur les précédens états comme ayant abandonné en route leur détachement.	Qui ont abandonné en route leur détachement. Notés sur les précédens états comme absens.	ABSENS POUR CAUSE LÉGITIME. Conscrits et suppléans.	ABSENS POUR CAUSE LÉGITIME. Notés sur les précédens états comme ayant abandonné en route leur détachement.	ABSENS POUR CAUSE LÉGITIME. Notés sur les précédens états comme absens.	ABSENS POUR CAUSE LÉGITIME. TOTAL.	JOUR où le détachement est parti du département.	DATE de son incorporation.	NOM de l'officier ou sous-officier conducteur du détachement, son grade, et corps dont il fait partie.	OBSERVATIONS. Aucun conscrit, de ceux qui ont abandonné en route leur détachement, ne peut ensuite être envoyé à un corps, sans l'autorisation préalable de M. le Directeur général de la conscription.
1.	2.	3.	4.	5.	6.	7.	8.	9.	10.	11.	12.	14.	15.	16.	17.	18.	19.	20.	21.

DÉPARTEMENT
d

CONSCRITS
de la classe d

APPEL ordonné par le décret
du

MODÈLE n° 22.

Art. 562
de l'Instruction générale.

ÉTAT numérique des départs effectués à la date du

CORPS auxquels les conscrits sont assignés.	NOMBRE DES HOMMES PARTIS.				DATE		NOM de l'Officier ou Sous-officier commandant l'escorte de chaque détachement, et indication de son grade, et du corps dont il fait partie.	OBSERVATIONS.
	CONSCRITS et suppléans.	CONSCRITS rentrés qui, sur les précédens états d'incorporation et contrôles, ont été portés comme ayant abandonné en route le détachement.	CONSCRITS rentrés qui, sur les précédens états d'incorporation et contrôles, ont été portés comme absens pour cause légitime.	TOTAL.	du départ.	présumée de l'arrivée au Corps.		(1) Aucun conscrit de ceux qui ont abandonné en route leur détachement, ne peut ensuite être envoyé à un corps, sans l'autorisation préalable de M. le Directeur général de la conscription.
1.	2.	3 (1).	4.	5.	6.	7.	8.	9.
TOTAL.......								
Total des départs effectués précédemment...								
TOTAL GÉNÉRAL.....								

Modèle N° 23 A.
Art. 563 de l'Instruction générale.

ÉTAT RÉCAPITULATIF

DES DÉPARTS ET INCORPORATIONS,

Et des diverses Mutations que les Conscrits ont éprouvées pendant la route, etc.

Modèle n° 23 A, art. 563 de l'Instruction générale

DÉPARTEMENT DE L'AIN.

Appel par Décret du 25 octobre 1811, sur la Classe de 1812.

ÉTAT RÉCAPITULATIF des Départs et Incorporations, et des diverses Mutations que les Conscrits ont éprouvées pendant la route, dans le courant du mois de janvier 1812, adressé à M. le Directeur général de la Conscription et des Revues, le 1er Février 1812.

Je soussigné, Capitaine de recrutement, certifie qu'il n'y a eu, pendant le mois d' aucune mutation sur la classe de

CORPS QUI REÇOIVENT LES CONSCRITS DE LA LEVÉE	HOMMES PARTIS. Conscrits et suppléans de conscrits	HOMMES PARTIS. Déjà portés sur les précédens contrôles de départ comme ayant fait partie de détachemens précédens, et comme: [illegible]	HOMMES PARTIS. Déjà portés [illegible]: absens pour cause légitime [illegible]	DATES du départ de chaque détachement	DATES présumée de l'arrivée de chaque détachement	NUMÉROS indicatifs des contrôles, et extraits des contrôles de signalemens	NOMS, PRÉNOMS, GRADES ET CORPS DES OFFICIERS ET SOUS-OFFICIERS chargés de la conduite des détachemens. (Si les conscrits partent isolément, l'indiquer dans cette colonne par le mot isolément; si, après avoir abandonné leur détachement, ou s'être absentés pour cause légitime, ils se représentent directement au corps, l'indiquer également dans cette colonne.)	DATE positive DE L'ARRIVÉE des détachemens	HOMMES INCORPORÉS. Conscrits et suppléans de conscrits	INCORPORÉS. Déjà portés sur les précédens contrôles de départ, comme ayant fait partie de détachemens précédens, et comme: ayant abandonné en route leur détachement	INCORPORÉS. Déjà portés [...]: absens pour cause légitime	Conscrits remis en route à la gendarmerie. Conscrits et suppléans de conscrits	Conscrits remis en route à la gendarmerie. Déjà portés sur les précédens contrôles de départ, comme ayant fait partie de détachemens précédens, et comme: ayant abandonné en route leur détachement	Conscrits remis en route à la gendarmerie. Déjà portés [...]: absens pour cause légitime	Absens pour cause légitime. Conscrits et suppléans de conscrits	Absens pour cause légitime. Déjà portés sur les précédens contrôles de départ, comme ayant fait partie de détachemens précédens, et comme: ayant abandonné en route leur détachement	Absens pour cause légitime. Déjà portés [...]: absens pour cause légitime	FUYARDS EN ROUTE. Conscrits et suppléans de conscrits	FUYARDS EN ROUTE. Déjà portés sur les précédens contrôles de départ, comme ayant fait partie de détachemens précédens, et comme: ayant abandonné en route leur détachement	FUYARDS EN ROUTE. Déjà portés [...]: absens pour cause légitime	DÉCÈS EN ROUTE. Conscrits et suppléans de conscrits	DÉCÈS EN ROUTE. Déjà portés sur les précédens contrôles de départ, comme ayant fait partie de détachemens précédens, et comme: ayant abandonné en route leur détachement	DÉCÈS EN ROUTE. Déjà portés [...]: absens pour cause légitime	OBSERVATIONS. Nota. Aucun conscrit, de ceux qui ont abandonné en route leur détachement, ne peut cesser d'être compris en [illegible], sans l'autorisation préalable de M. le Directeur général de la conscription.
1.	2.	3.	4.	5.	6.	7.	8.	9.	10.	11.	12.	13.	14.	15.	16.	17.	18.	19.	20.	21.	22.	23.	24.	25.
1er Régiment d'Infanterie de ligne	200.	•	•	1er janvier 1812.	16 janvier 1812.	N° 1.	Picard, lieutenant au 112e de ligne	14 janvier 1812.	192.	•	[illegible]	[illegible]			•	•	•	4.	•	•	•	•	•	Deux fuyards du détachement de 200 hommes du 1er de ligne, ont changé de destination et ont été dirigés sur le 2e régiment d'infanterie légère.
	50.	1.	1.	10 idem.	25 idem.	N° 2, et extrait du contrôle n° 1.	Lavaine, sous-lieutenant idem	•	•	•			•	•	•	•	•	•	1.	•	•	•		
2e Régiment d'Infanterie légère	100.	2.	•	12 idem.	15 idem.	N° 3, et extrait du contrôle n° 1.	Gonain, lieutenant idem	15 janvier 1812.	98.	•			•	•	•	•	•	2.	•	•	2.	•	•	
1er Régiment de Carabiniers	2.	•	•	5 idem.	5 février idem.	N° 4.	Isolément	•	•	•	•	•	•		•	•	•	•	•	•	•	•		
4e Régiment de Cuirassiers	6.	•	•	15 idem.	25 idem.	N° 5.	Allard, sergent au 125e de ligne	•	•	•	•	•	•	•	•	•	•	•	•	•	•	•		

RÉSUMÉ sur la Situation générale du Département au 1er Février 1812.*

* Cette date doit être la même que celle à laquelle l'état récapitulatif est adressé.

Par décret du 25 octobre 1811, le département a dû fournir un contingent de .... 362. (a)

Sur ce nombre il en a été incorporé, dont les récépissés ont été fournis par les corps .... 291. (b)

Il y en a encore en route, soit comme partis à une date récente, dont le Capitaine de recrutement ne connaît pas encore les mutations, soit comme absens pour cause légitime, entrés dans un hôpital de la route, ou remis en route à la gendarmerie, soit comme fuyards rentrés ou absens rentrés *(colonnes 3 et 4 de l'état récapitulatif)*, mais non encore incorporés .... 63. (c)

} 354.

DIFFÉRENCE avec le contingent en { Moins .... 8 / Plus .... • }

Le nombre total, connu jusqu'à ce jour, des hommes ayant abandonné leur détachement en route, déduction faite de ceux qui se sont représentés soit dans le département pour rejoindre, soit directement au corps, est de .... 2.

(a) Cette quantité doit toujours être la même que celle qui est portée au total de la colonne 2 de la situation générale des corps.

(b) Même nombre qu'à la colonne 3.

(c) Même nombre qu'à la colonne 4.

SITUATION générale des Corps qui ont reçu des Conscrits du Département depuis l'origine de la levée jusqu'au 1er Février 1812.*

* Cette date doit être la même que celle à laquelle l'état récapitulatif est adressé.

CORPS auxquels LE DÉPARTEMENT FOURNIT.	Contingent de chacun de ces corps d'après le décret	NOMBRE DE CONSCRITS incorporés, et dont le corps a fourni le récépissé au capitaine de recrutement	NOMBRE DE CONSCRITS qui peuvent arriver au corps [illegible]	TOTAL des colonnes 3 et 4, ou nombre de conscrits comptant en déduction du contingent de chaque corps	DIFFÉRENCES entre les colonnes 2 et 5, en: Excès de chaque corps	DIFFÉRENCES: Déficit au contingent de chaque corps	OBSERVATIONS. Cette colonne doit toujours indiquer les causes de excès ou de déficit éprouvés par chaque corps.
1.	2.	3.	4.	5.	6.	7.	8.
1er Régiment d'Infanterie de ligne	250.	192.	53.	245.	•	5.	Ce déficit provient de 3 fuyards, une mort remplacée, et de 2 conscrits remis en route à la gendarmerie.
2e Régiment d'Infanterie légère	100.	99.	1.	100.	•	•	
1er Régiment de Carabiniers	3.	•	1.	1.	•	2.	Ce déficit provient de ce qu'il manquait un homme de taille.
4e Régiment de Cuirassiers	10.	•	6.	6.	•	4.	Ce déficit provient, 1° de ce qu'il manquait 2 hommes de taille; 2° de ce que 2 hommes ne sont pas encore partis.
Dépôts généraux de réfractaires; conscrits remis en route à la gendarmerie	•	•	2.	2.	2.	•	Cet excès provient de 2 hommes remis en route à la gendarmerie.
TOTAUX	362.	291.	63.	354.	2.	10.	

Vu par le Préfet du Département,

CERTIFIÉ par le Capitaine de recrutement,

EXPLICATION

Sur la Manière de remplir l'Etat récapitulatif de l'autre part.

OBSERVATIONS GÉNÉRALES.

L'ÉTAT RÉCAPITULATIF ne doit comprendre que les mutations connues dans le mois qui précède le jour où il est établi. Toutes les mutations connues dans le mois suivant doivent faire partie de l'état récapitulatif du mois suivant, sans rappeler dans ce dernier les mutations précédentes.

Il résulte de ce mode de comptabilité, que lorsque, pendant l'espace d'un mois, les capitaines de recrutement n'auront eu connaissance d'aucune mutation, ils n'auront non plus aucune quantité à porter dans l'état récapitulatif de ce mois; néanmoins, ils l'adresseront pour ordre, en certifiant qu'il n'y a eu pendant le mois aucune mutation; dans ce cas, ils apposeront en tête de l'état récapitulatif ces mots portés au modèle : *Je soussigné, capitaine de recrutement, certifie qu'il n'y a eu, pendant le mois d   aucune mutation sur la classe de   .*

Tous les renseignemens que comporte le modèle, et qui sont indiqués par les portions d'exemples imprimées en lettres italiques, doivent être exactement remplis par les capitaines de recrutement, lors même que l'état qu'ils adresseraient serait négatif.

La 1re colonne ne doit comprendre que les corps pour lesquels il y a eu des mutations pendant le mois; en sorte que, pour l'état récapitulatif que formeront les capitaines de recrutement, s'il n'y a pas eu de mutation relative à l'un des corps compris dans l'état récapitulatif du mois précédent, il sera inutile de faire figurer ce corps dans la 1re colonne de l'état récapitulatif.

Les corps portés dans la 1re colonne, doivent être inscrits en observant l'ordre suivant :

Infanterie de ligne.
Infanterie légère.
Carabiniers.
Cuirassiers.
Chevau-légers.
Dragons.
Chasseurs.
Hussards.
Artillerie à pied.
Artillerie à cheval.
Train d'artillerie.
Pontonniers.
Ouvriers d'artillerie.
Sapeurs.
Mineurs.
Conscrits de la garde.
Fusiliers de la garde.
Equipages militaires, etc., etc.

Observations particulières à l'Etat récapitulatif de l'autre part.

Ce modèle suppose un appel fait *le* 25 *octobre* 1811, *sur la classe de* 1812.

Le premier détachement a dû se mettre en route le 1er *janvier* 1812.

Le premier détachement parti est fort de 200 hommes, tant conscrits que suppléans. La date de son départ est inscrite dans la colonne 5.

L'emplacement du dépôt du 1er de ligne auquel ce détachement est destiné, fait supposer, d'après le nombre d'étapes à parcourir, que le détachement arrivera le 15 *janvier*. Cette date doit être apposée dans la 6e colonne.

Le contrôle de signalement sur lequel est porté ce détachement a dû prendre le n° 1. Ce numéro qui, sur les états récapitulatifs suivans, doit être le principal point de rappel des mutations nouvelles relatives à ce détachement, doit être soigneusement apposé dans la colonne n° 7.

Le détachement est parti sous la conduite de *Picard*, lieutenant. Le nom, le grade et le corps de l'officier conducteur sont indiqués dans la colonne 8.

Le retour du contrôle de signalement n° 1, qui a eu lieu dans le mois de janvier, a fait connaître au capitaine de recrutement la date positive de l'arrivée du détachement. Cette date doit être portée dans la colonne 9.

Enfin, le dépouillement du contrôle où se trouvent inscrites toutes les mutations des conscrits composant le détachement, prouve que

192 ont été incorporés, conformément au récépissé fourni par le corps; (Ils sont portés dans la colonne 10.)

2 ont été remis en route à la gendarmerie, pour être conduits au dépôt départemental, puis à l'un des dépôts généraux de réfractaires; (Ils sont portés dans la colonne 13.) Ces deux hommes, avant d'arriver au dépôt général des réfractaires, pourront éprouver diverses mutations : les capitaines de recrutement trouveront dans la suite de cette explication de quelle manière il devra en être rendu compte.

2 sont entrés dans des hôpitaux de la route : (Ils sont portés dans la colonne 16.)

4 ont abandonné le détachement en route; (Ils sont portés dans la colonne 19.)

TOTAL égal à la force du détachement 200.

Un second détachement s'est mis en route pour le même corps (le 1er de ligne), le 19 janvier 1812. Ce détachement se compose,

1° de 50 conscrits ou suppléans (portés dans la 2e colonne);

2° de 1 conscrit ayant abandonné son détachement; il s'est librement représenté pour rejoindre : c'est l'un des quatre qui ont abandonné, après avoir parcouru quelques étapes, le détachement de 200 hommes parti le 1er janvier 1812, et qui ont obtenu de M. le Directeur général de la conscription la permission de rejoindre un corps. (Cet homme est compris aux départs dans la colonne 3; s'il était compris dans la colonne 2, il y ferait double emploi, puisque déja il y a été compris dans le détachement de 200 hommes partis le 1er janvier 1812.)

3° de 1 absent pour cause légitime. C'est l'un des deux conscrits du précédent détachement de 200 hommes, qui étaient entrés à l'hôpital en route. Après être sorti de l'hôpital, il a rétrogradé vers son département, et s'est librement représenté pour rejoindre. (Cet absent est compris aux départs dans la colonne 4; s'il était compris dans la colonne 2, il ferait également double emploi.)

FORCE totale du 2e détachement 52.

Le capitaine de recrutement remplit pour ce détachement les colonnes 5, 6, 8 et 9. Quant à la 7e colonne indicative du contrôle, il convient de remarquer que, bien que les 52 hommes ci-dessus ne partent qu'en un seul détachement, ils donnent cependant lieu à la formation de deux contrôles : le premier pour les 50 conscrits ou suppléans prenant le n° 2; le second, pour les deux conscrits qui déja ont fait partie du détachement de 200 hommes mis en route le 1er janvier 1812. Ce dernier contrôle n'est qu'un *extrait pour duplicata* du contrôle n° 1; en sorte que la colonne 7 doit contenir pour ce détachement de 52 hommes la double indication qui y est effectivement portée; c'est-à-dire : *n° 2 et extrait du contrôle n°* 1.

La date présumée de l'arrivée de ce détachement de 52 hommes étant le 25 janvier, les mutations qu'il pourra éprouver ne seront connues du capitaine de recrutement qu'au mois de février suivant, et ne pourront être comprises que dans l'état récapitulatif de ce mois. Les colonnes 10, 11, 12, 13, 14, etc., jusqu'à 25 inclusivement, restent donc dans l'état récapitulatif du mois de janvier en blanc pour ce détachement.

Un troisième détachement s'est mis en route pour le 2e régiment d'infanterie légère, le 12 janvier. Il se compose de

1° 100 conscrits ou suppléans (2e colonne);

2° 2 fuyards du détachement de 200 hommes (3e colonne). Ces 2 fuyards font partie des quatre qui ont abandonné le détachement de 200 hommes du 1er de ligne, et qui ont obtenu de M. le Directeur général de la conscription la permission de rejoindre un corps. Ils ne se sont représentés au capitaine de recrutement qu'après le départ du détachement de 52 hommes pour le 1er de ligne; afin de ne les point laisser plusieurs jours sans destination, on les a joints au détachement destiné au 2e régiment d'infanterie légère. Dans ce cas, le capitaine de recrutement inscrit, en regard du corps auquel ces individus étaient primitivement destinés, une note semblable à celle qui est portée dans la colonne d'observations du modèle, à la suite du détachement de 200 hommes partis pour le 1er de ligne.

TOTAL de la force du détachement 102.

Ce détachement donne lieu, comme celui de 52 hommes, à la formation de deux contrôles (colonne 7).

Le retour de ces contrôles s'effectuant dans le mois de janvier, le capitaine de recrutement remplit les mutations que le détachement a éprouvées. Le contrôle n° 3 fait connaître que

98 conscrits ou suppléans ont été incorporés (col. 10).

1 a abandonné le détachement en route (col. 19.)

1 est mort en route (col. 22).

Le contrôle extrait pour duplicata du contrôle n° 1, fait connaître que

1 fuyard du détachement de 200 hommes a été incorporé (col. 11).

1 fuyard du détachement de 200 hommes est entré à l'hôpital. (Ce dernier doit figurer dans la colonne 17.)

TOTAL égal à la force du détachem. 102.

Un quatrième départ a eu lieu pour le 1er régiment de carabiniers. C'est un conscrit parti isolément. Les mutations que ce conscrit pourra éprouver ne devant être connues que dans le mois de février, le capitaine de recrutement ne remplit pour lui que les colonnes 5, 6, 7 et 9. Quant à la 8e colonne, le capitaine de recrutement y porte le mot *isolément*.

Il agit de même pour le cinquième départ, c'est-à-dire, pour les 6 conscrits dirigés sur le 4e régiment de cuirassiers. Il indique dans la colonne 8 que c'est le sieur *Allard*, sergent au 115e de ligne, qui a été chargé de la conduite.

Toutes les mutations qui précèdent étant les seules qui aient été connues pendant le mois de janvier 1812, le capitaine de recrutement ferme l'état récapitulatif par une ligne horizontale. Il est inutile qu'il fasse aucun total au bas des colonnes.

Observations, 1° *sur la Situation générale* (terminant l'Etat récapitulatif) *des Corps qui ont reçu des Conscrits du Département depuis l'origine de la Levée jusqu'au* 1er *Février* 1812; 2° *sur le Résumé de la situation générale du Département à la même époque.*

La situation générale des corps comprend huit colonnes.

Dans la 1re colonne doivent figurer tous les corps qui reçoivent des conscrits du département.

Dans la 2e colonne doivent figurer les contingens de chaque corps, de manière que le total de cette colonne produise une somme égale au contingent général du département.

Dans la 3e colonne doivent figurer toutes les incorporations prises collectivement pour un même corps depuis l'origine de la levée.

La 4e colonne comprend aussi collectivement pour chaque corps, depuis l'origine de la levée, le nombre de conscrits qui pourront arriver au corps comme partis à une date récente, et dont le capitaine de recrutement ne connaît pas encore les mutations; comme absens pour cause légitime; comme remis en route à la gendarmerie, et comme fuyards rentrés ou absens rentrés.

La 5e colonne totalisant les colonnes 3 et 4, est la somme totale des conscrits applicables au contingent de chaque corps.

Les colonnes 6 et 7 sont destinées à faire connaître les gains ou les déficits que chaque corps éprouve. Les causes de ces gains ou de ces déficits doivent toujours être indiquées dans la colonne 8. Les exemples portés au modèle sont les résultats, collectivement pris, des exemples mêmes portés dans l'état récapitulatif. Certains corps présentent un déficit de 10 hommes; les dépôts généraux des réfractaires présentent un gain de 2 hommes : il en résulte que le département redoit 8 hommes. Les 2 hommes destinés aux dépôts généraux des réfractaires, sont ceux qui, dirigés d'abord sur le 1er de ligne, ont été remis en route à la gendarmerie. Ces hommes doivent figurer dans la situation générale des corps, au compte des dépôts des réfractaires. C'est sous cette dénomination qu'il doit être rendu compte des nouvelles mutations qu'ils pourront éprouver dans le 2e, le 3e, etc., état récapitulatif. Le restant dû de 8 hommes est indiqué au résumé sur la situation générale du département. Ce dernier résumé n'a pas besoin de développement : le capitaine de recrutement doit y indiquer très-exactement le nombre de fuyards existant à la date de l'état récapitulatif, déduction faite de ceux qui se sont représentés, soit dans le département pour rejoindre, soit directement aux corps.

Modèle N° 23 B.
Art. 563 de l'Instruction générale.

ÉTAT RÉCAPITULATIF

DES DÉPARTS ET INCORPORATIONS,

Et des diverses Mutations que les Conscrits ont éprouvées pendant la route, etc.

DÉPARTEMENT DE L'AIN.

APPEL par Décret du 25 octobre 1811, sur la Classe de 1812.

MODÈLE n° 23.

ÉTAT RÉCAPITULATIF des Départs et Incorporations, et des diverses Mutations que les Conscrits ont éprouvées pendant la route, dans le courant du mois de Février 1812, adressé à M. le Directeur général de la Conscription et des Revues, le 1er Mars 1812.

CORPS QUI REÇOIVENT LES CONSCRITS DE LA LEVÉE.	HOMMES PARTIS. Conscrits et suppléans de ce mois.	Déjà portés sur les précédens Contrôles de départ comme ayant fait partie de détachemens précédens, et comme Ayant été remis en route	Absens pour cause légitime	DATES du départ de chaque détachement.	DATES présumée de l'arrivée de chaque détachement.	NUMÉROS indicatifs des contrôles, et extraits de contrôles de signalement.	NOMS, PRÉNOMS, GRADES ET CORPS DES OFFICIERS ET SOUS-OFFICIERS chargés de la conduite des détachemens.	DATE positive de l'arrivée des détachemens.	HOMMES Conscrits et suppléans de ce mois.	INCORPORÉS
1.	2.	3.	4.	5.	6.	7.	8.	9.	10.	11.
1er Régiment d'Infanterie de ligne	•	•	•	•	•	Extrait du contrôle n° 1.	S'est présenté directement au corps	15 février 1812.	•	2.
						N° II. Extrait du contrôle n° 1.	Lefaivre, sous-lieutenant au 15e de ligne.	16 janvier 1812.	50.	•
4e Régiment de Cuirassiers	2.	•	•	15 février 1812.	20 mars 1812.	N° VI	Richelet, caporal	•	•	•
Dépôt général de Réfractaires : Conscrits Remis en route à la gendarmerie.				10 février idem.	18 février idem.	Extrait du contrôle n° 1.	Gendarmerie	•	•	•
						Extrait du contrôle n° 1.	Gendarmerie	25 février idem.	•	•
Conscrits Partis du chef-lieu du département.	6.	•	•	18 février idem.	15 mars 1812.	N° VII	Escorte ordinaire	•	•	•

RÉSUMÉ sur la Situation générale du Département au 1er Mars 1812. *

* Cette date doit être la même que celle à laquelle l'état récapitulatif est adressé.

Par décret du 25 octobre 1811, le département a dû fournir un contingent de .... 362. (a)

Sur ce nombre il en a été incorporé, dont les récépissés ont été fournis par les corps .... 345. (b)

Il y en a encore en route, soit comme partis à une date récente, dont le Capitaine de recrutement ne connaît pas encore les mutations, soit comme absens pour cause légitime, entrés dans un hôpital de la route, ou remis en route à la gendarmerie, soit comme fuyards rentrés ou absens rentrés (colonnes 3 et 4 de l'état récapitulatif), mais non encore incorporés .... 17. (c) } 362.

DIFFÉRENCE avec le contingent en { Moins .... • / Plus .... •

Le nombre total, connu jusqu'à ce jour, des hommes ayant abandonné leur détachement en route, déduction faite de ceux qui se sont représentés soit dans le département pour rejoindre, soit directement au corps, est de .... 2.

(a) Cette quantité doit toujours être la même que celle qui est portée au total de la colonne 2 de la situation générale des corps.

(b) Idem pour la colonne 3.

(c) Idem pour la colonne 4.

SITUATION générale des Corps qui ont reçu des Conscrits du Département depuis l'origine de la levée jusqu'au 1er Mars 1812.*

* Cette date doit être la même que celle à laquelle l'état récapitulatif est adressé.

CORPS auxquels LE DÉPARTEMENT FOURNIT.	Contingent de chacun de ces corps d'après le décret.	NOMBRE DE CONSCRITS incorporés, et dont le corps a fourni le récépissé au capitaine de recrutement.	NOMBRE DE CONSCRITS non encore incorporés, mais en route, à la gendarmerie, absens pour causes légitimes, et comme fuyards rentrés, ou absens rentrés.	TOTAL imputable en déduction du contingent de chaque corps.	DIFFÉRENCES entre les colonnes 2 et 5, en excédant de chaque corps.	DIFFÉRENCES déficit dans le contingent de chaque corps.	OBSERVATIONS. Cette colonne doit toujours indiquer la cause de gain ou de perte éprouvés par chaque corps.
1.	2.	3.	4.	5.	6.	7.	8.
1er Régiment d'Infanterie de ligne	250.	244.	•	244.	•	6.	Ce déficit provient de 3 fuyards et de 3 hommes remis en route à la gendarmerie.
2e Régiment d'Infanterie légère	100.	99	1.	100.	•	•	
1er Régiment de Carabiniers	2.	•	1.	1.	•	1.	Ce déficit provient de ce qu'il manquait un homme de taille.
4e Régiment de Cuirassiers	10.	•	8.	8.	•	•	Ce déficit provient de ce qu'il manquait deux hommes de taille.
Dépôts généraux de réfractaires : Conscrits remis en route à la gendarmerie	•	2.	1.	3.			[illegible]
Dépôts généraux de réfractaires : Conscrits partis du chef-lieu du département	•	•	6.	6.	9		
TOTAUX	362.	345.	17.	362.	9	9.	

Vu par le Préfet du Département,

CERTIFIÉ par le Capitaine de recrutement,

EXPLICATION

Sur la manière de remplir l'Etat récapitulatif de l'autre part. (*Cet Etat est le 2e, ou le 3e, ou le 4e, etc. Dans l'exemple il est le 2e.*)

Lors de la formation du précédent état récapitulatif, il restait à connaître le sort d'un des quatre conscrits qui avaient abandonné le détachement de 200 conscrits pour le 1er de ligne, et qui avaient obtenu de M. le Directeur général de la conscription la permission de rejoindre un corps. Ce fuyard s'est représenté directement au corps le 15 février 1812. Cette date doit être portée dans la colonne 9, au reçu de la feuille individuelle que le corps adresse au capitaine de recrutement. L'incorporation de ce conscrit est indiquée à la colonne 11.

A la date du 1er février, il restait également à connaître le sort de l'un des deux, absens, pour cause légitime, du même détachement de 200 conscrits destinés au 1er de ligne : cet absent s'est évadé de l'hôpital ; mais il a été arrêté le 20 février 1812, et remis à la gendarmerie pour être conduit à l'un des dépôts généraux de réfractaires. Cette nouvelle mutation est indiquée dans la colonne 15 à l'article des dépôts généraux de réfractaires.

La colonne 8 doit rappeler exactement le numéro du contrôle dont fait partie le fuyard rentré directement au corps, et l'absent remis à la gendarmerie. Cette colonne porte donc pour l'un et pour l'autre l'indication suivante : *Extrait du contrôle N° 1.*

Il convient en outre, pour l'absent arrêté par la gendarmerie, de porter la date de son arrestation dans la colonne 5 du départ, de remplir également la colonne 6 (date présumée de l'arrivée) et la colonne 8. Dans cette dernière, le capitaine de recrutement porte pour l'absent le mot *gendarmerie*, et pour le fuyard, ces mots : *s'est représenté directement au corps.*

Le détachement de 52 hommes, parti pour le 1er de ligne le 10 janvier 1812, est arrivé à sa destination le 26 janvier, et son arrivée n'a été connue du capitaine de recrutement que dans le mois de février. Il porte les mutations que ce détachement a éprouvées, comme suit :

Colonne 7. Il rappelle le numéro du contrôle et l'extrait du contrôle n° 1.

Colonne 8. Le nom de l'officier conducteur, *Lavoine.*

Colonne 9. La date positive de l'arrivée, le 26 janvier 1812.

Colonne 10. La force en conscrits présens à l'arrivée, 50.

Colonne 12. L'arrivée de l'absent qui s'était représenté au capitaine de recrutement.

Colonne 20. La fuite par récidive du conscrit qui avait fait partie du 1er détachement de 200 hommes.

Le détachement parti pour le 2e régiment d'infanterie légère n'a donné lieu à aucune nouvelle mutation. Il ne doit dès-lors figurer en aucune façon sur l'état récapitulatif.

Il en est de même pour le 1er régiment de carabiniers.

Les deux conscrits à diriger sur le 4e régiment de cuirassiers ont été mis en route le 15 février ; le capitaine de recrutement fait figurer ce nouveau départ sur l'état récapitulatif.

Les deux hommes du 1er de ligne, précédemment remis en route à la gendarmerie, sont depuis arrivés à l'un des dépôts de réfractaires : le capitaine de recrutement porte à l'article des dépôts généraux de réfractaires, sur la ligne où se trouve ces mots : *Conscrits remis en route à la gendarmerie :*

Colonne 7. Extrait du contrôle n° 1.

Colonne 8. Gendarmerie.

Colonne 9. 25 février 1812.

Colonne 10. — 2.

Enfin, six conscrits condamnés comme réfractaires pour ne s'être point point présentés à la revue de départ, ont été arrêtés dans le mois de leur condamnation et conduits à l'un des dépôts de réfractaires. Le capitaine de recrutement fait figurer également ce nouveau départ sur l'état récapitulatif, à l'article des dépôts généraux des réfractaires, sur la ligne où se trouvent ces mots : *Conscrits partis du chef-lieu du département.* Si ces conscrits sont partis du chef-lieu d'un département autre que le leur, le capitaine indiquera ce chef-lieu dans la colonne d'observations.

Les mutations qui précèdent composant la totalité de celles qui ont été connues du capitaine de recrutement dans le courant du mois de février, il ferme l'état récapitulatif pour procéder à la nouvelle situation générale des corps et des départemens.

Situation générale des Corps depuis l'origine de la Levée jusqu'au 1er mars 1812.

Pour obtenir au 1er mars la situation générale de chaque corps, le capitaine de recrutement doit la combiner avec la situation de l'état récapitulatif précédent et de celui qu'il a dressé.

Le 1er de ligne présentait, dans l'état récapitulatif de février, 192 conscrits incorporés. Le nouvel état récapitulatif fait connaître que 52 conscrits ont été incorporés depuis (*Voyez* colonnes 10, 11 et 12). La colonne 3 de la situation générale doit donc présenter aujourd'hui le nombre de 244.

La colonne 4 de la situation générale portait comme en route pour le 1er de ligne, dans l'état récapitulatif précédent, 53 hommes qui se composaient, savoir :

1° De 52 partis le 10 janvier 1812 ;

2° D'un conscrit resté à l'hôpital sans nouvelle mutation.

Le détachement de 52 hommes étant arrivé au nombre de 51, et un homme ayant abandonné de nouveau son détachement ; en outre, le conscrit resté à l'hôpital s'en étant évadé et ayant été arrêté par la gendarmerie, les 53 hommes de la colonne 4 disparaissent entièrement. Le déficit du 1er régiment de ligne se trouve ainsi augmenté d'un homme, et le capitaine de recrutement indique dans la colonne d'observations les motifs pour lesquels ce déficit est de six hommes.

Le 2e régiment d'infanterie légère n'ayant donné lieu à aucune nouvelle mutation, le capitaine de recrutement reporte pour ce corps, dans les diverses colonnes de la situation générale, tout ce qu'il avait indiqué dans la situation précédente.

Le paragraphe précédent s'applique également au 1er régiment de carabiniers. Le 4e régiment de cuirassiers n'avait que six hommes en route dans la quatrième colonne de la situation générale de l'état récapitulatif précédent : deux hommes ayant été mis en route depuis, l'état récapitulatif du mois de mars en contient 8.

Six conscrits condamnés comme réfractaires pour ne s'être point présentés à la revue de départ, ont été mis en route. Ils doivent figurer dans la situation générale des corps de l'état récapitulatif du mois de mars, de même que dans l'état récapitulatif ; le compte ouvert à la colonne 1re de la situation générale des corps, pour les dépôts de réfractaires, doit présenter deux articles :

1° Celui des conscrits remis en route à la gendarmerie ;

2° Celui des conscrits partis du chef-lieu du département.

Le deuxième de ces articles contient (colonnes 4 et 5) les six conscrits condamnés comme réfractaires pour ne s'être point présenté aux revues de départ, et qui, arrêtés dans le mois de leur condamnation, ont été mis en route du chef-lieu du département.

Le premier article contient (colonne 3) les deux conscrits du 1er de ligne remis en route à la gendarmerie, et qui sont arrivés à l'un des dépôts de réfractaires le 25 février 1812, et (colonne 4) le conscrit évadé de l'hôpital et arrêté par la gendarmerie. Il est indispensable de présenter ainsi séparément, dans l'état récapitulatif et dans la situation générale des corps, les mutations des conscrits remis en route à la gendarmerie, et partis comme réfractaires du chef-lieu du département.

Dans cet état de choses le département se trouve avoir rempli son contingent, sauf à connaître le sort de 17 hommes (colonne 4 de la situation générale des corps), dont l'incorporation n'est point constatée, et de deux déserteurs à rechercher. Ces mutations, dans l'exemple qu'on a choisi, seraient consignées dans le troisième, quatrième, etc. état récapitulatif.

N. B. L'état récapitulatif qui doit être dressé d'après l'article 566 de l'instruction générale, n'étant que la copie rectifiée de toutes les mutations portées aux états récapitulatifs précédens, il n'exige aucun développement particulier. Il suffira que le capitaine de recrutement rassemble les divers états adressés à la direction générale, et qu'il en forme un seul état, en rappelant sous le numéro de chaque corps les mutations qui lui sont relatives.

DÉPARTEMENT N°

RÉGIMENT

MODÈLE N° 24.

Art. 564 de l'Instruction générale.

LISTE de suppléans qui doivent cesser d'être considérés comme tels, ayant été appelés depuis leur incorporation à servir pour leur propre compte comme Conscrits de la classe de

NOMS DES SUPPLÉANS redevenus Conscrits. — 1.	LEURS PRÉNOMS. — 2.	NUMÉROS DES CONTRÔLES de départ dont ils ont fait partie comme suppléans, et sur lesquels est apposé pour eux le récépissé du corps. — 3.	DATE DE LEUR DÉPART portée aux contrôles rappelés dans la colonne 3. — 4.	CLASSE en déduction de laquelle ils comptaient comme suppléans. — 5.	OBSERVATIONS. — 6.

CERTIFICAT DU CORPS.

Je (*désigner le grade*) certifie que les annotations prescrites par l'art. 564 de l'Instruction générale sur la conscription, relativement aux suppléans redevenus Conscrits, ont été faites sur le registre-matricule du corps.

commandant le dépôt.

CERTIFICAT DU CAPITAINE DE RECRUTEMENT.

Je certifie que la note suivante a été portée sur l'expédition des contrôles désignés dans la colonne 3 qui est déposée aux archives de la préfecture, en regard de l'article du suppléant de chaque individu compris dans la présente liste : « Sert pour son propre compte en déduction de la classe de et non plus comme suppléant. »

A le

DÉPARTEMENT
d

LEVÉES FAITES SUR LA CLASSE
de 18

MODÈLE N° 25.
Art. 566 de l'Instruction générale.

TABLE ALPHABÉTIQUE

Des Conscrits que comprennent les Contrôles revêtus des Récépissés des Corps, et déposés aux Archives de la Préfecture.

NOMS des conscrits dans l'ordre alphabétique.	LEURS PRÉNOMS.	INDICATION des lettres alphabétiques, ou numéros des contrôles de signalement et d'extraits de contrôles sur lesquels les conscrits ont été portés. Les conscrits qui, après avoir été portés sur un contrôle, ont donné lieu à la formation d'un extrait de contrôle, ne figureront qu'une fois sur la liste alphabétique. [illegible] *Extrait signé le....*	Numéro d'ordre sous lequel les noms des conscrits sont portés aux contrôles.	CORPS auxquels ont été envoyés les CONSCRITS.	INDICATION du jour où le contrôle a été signé par les chefs de corps.	COLONNES dans l'une desquelles doit être porté le chiffre 1, suivant que le Conscrit : sera incorporé. Cette colonne doit [illegible] présenter un nombre d'hommes égal au contingent.	[illegible] en route [illegible]	mort en route.	absent pour cause légitime, se trouvant encore dans un hôpital.	une prison.	les mains de la Gendarmerie.	en cas d'absence légitime.	en route, et dont l'arrivée n'a pu parvenir [illegible]	[illegible]
1.	2.	3.	4.	5.	6.	7.	8.	9.	10.	11.	12.	13.	14.	15.

Les individus portés dans ces 5 colonnes doivent ultérieurement former [illegible]

NOMS des conscrits dans l'ordre alphabétique.	LEURS PRÉNOMS.	INDICATION des lettres alphabétiques, ou numéros des contrôles de signalement et d'extraits de contrôles sur lesquels les conscrits ont été portés. Les conscrits qui, après avoir été portés sur un contrôle, ont donné lieu à la formation d'un extrait de contrôle, ne figureront qu'une fois sur la liste alphabétique. [illegible] *Extrait signé le....*	Numéro d'ordre sous lequel les noms des conscrits sont portés aux contrôles.	CORPS auxquels ont été envoyés les CONSCRITS.	INDICATION du jour où le contrôle a été signé par les chefs de corps.	COLONNES dans l'une desquelles doit être porté le chiffre 1, suivant que le Conscrit : sera incorporé. Cette colonne doit [illegible] présenter un nombre d'hommes égal au contingent.	[illegible] en route [illegible] détachement.	mort en route.	absent pour cause légitime, se trouvant encore dans un hôpital.	une prison.	les mains de la Gendarmerie.	en cas d'absence légitime.	en route, et dont l'arrivée n'a pu parvenir [illegible]	OBSERVATIONS.
1.	2.	3.	4.	5.	6.	7.	8.	9.	10.	11.	12.	13.	14.	15.
TOTAL par colonne........														

Les individus portés dans ces 5 colonnes doivent ultérieurement former [illegible]

TOTAL général égal au nombre de Conscrits portés sur la présente liste alphabétique.....

Vu par le Préfet.

Certifié par le Capitaine de recrutement.

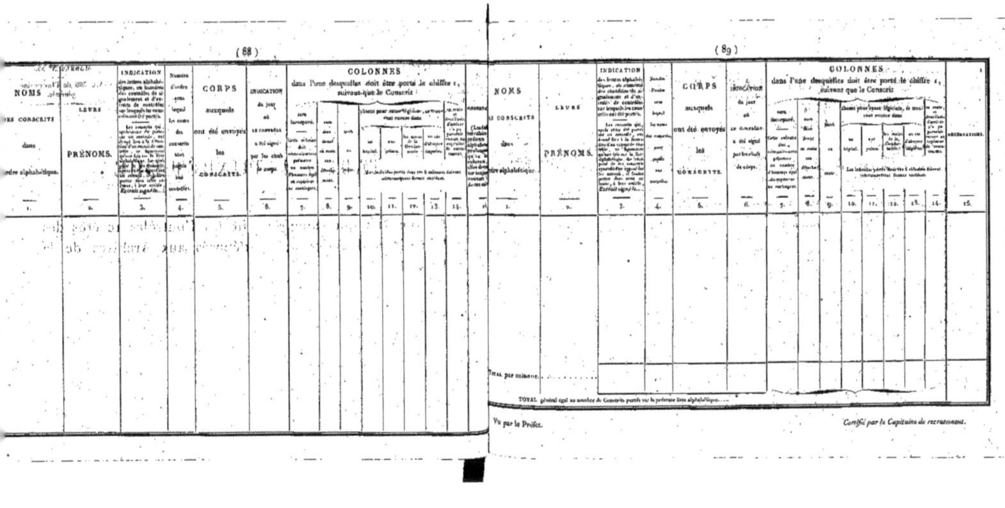

Modèle Nº 26.
Art. 567 de l'Instruction générale.

CERTIFICAT DE QUITUS.

DÉPARTEMENT d

CLASSE de

Le département d a dû fournir, en exécution du Sénatus-consulte du et du décret du conscrits. Ce contingent, d'après les répartitions décrétées par Sa Majesté et suivant les récépissés des chefs de corps portés sur les contrôles adressés à M. le Directeur général de la conscription et des revues, a été reçu dans les corps ci-après :

CORPS qui ont reçu les conscrits du département.	CONTINGENT que ces corps ont dû recevoir d'après les décrets.	NOMBRE de Conscrits qu'ils ont reçus, et dont ils ont fourni récépissé.	DIFFÉRENCE pour chaque corps, d'après la comparaison des 2e et 3e colonnes, en gains.	pertes.	OBSERVATIONS.
1.	2.	3.	4.	5.	6.

Le Directeur général de la conscription et des revues déclare que le département d a fourni en totalité le contingent qui lui a été assigné sur la classe de
Le

(Indication du Corps.)

Trimestre de 181

MODÈLE N° 27.

Art. 589 de l'Instruction générale.

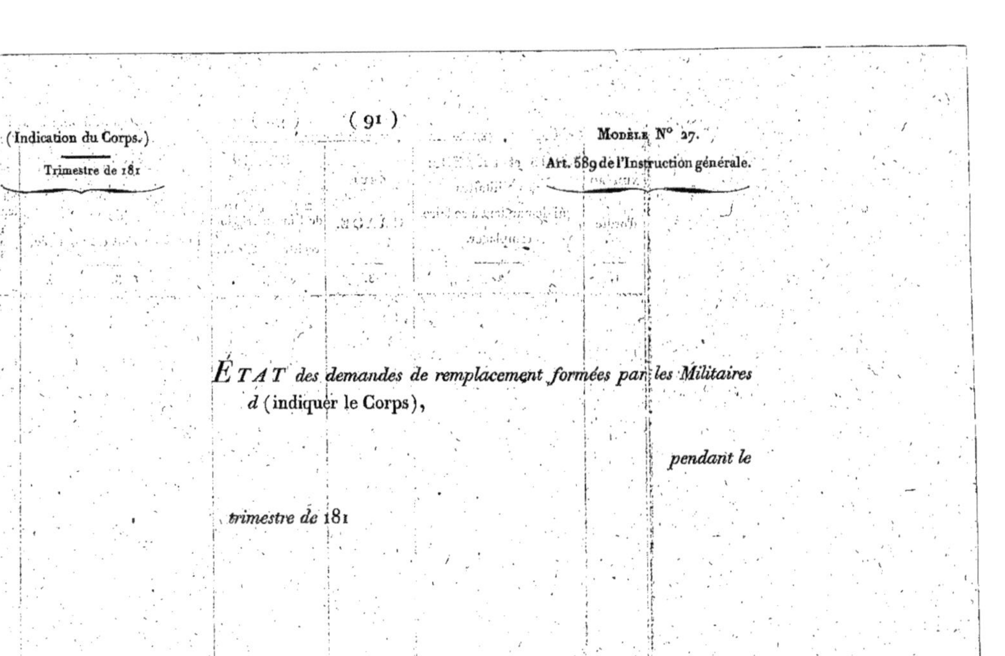

ÉTAT des demandes de remplacement formées par les Militaires d (indiquer le Corps),

pendant le

trimestre de 181

NUMÉRO d'ordre.	NOMS et PRÉNOMS des Militaires qui demandent à se faire remplacer.	LEUR GRADE.	DATE de leur entrée au service, ET NUMÉRO de leur inscription au registre-matricule.	MOTIFS sur lesquels la demande de remplacement est appuyée.	LIE… où les m… se propo… de se retire… leur rempl… 1° commun… 2° canton… 3° départ…	NOMS et PRÉNOMS des REMPLAÇANS proposés.	DATE de leur NAISSANCE.	LEUR TAILLE.	DECISIONS du DIRECTEUR GÉNÉRAL de la Conscription.	OBSERVATIONS.
1.	2.	3.	4.	5.	6.	7.	8.	9.	10.	11.

Certifié par nous

A   le

14

(INDICATION DU CORPS.)

Modèle N° 28.
Art. 591 de l'Instruction générale.

EMPIRE FRANÇAIS.

ACTE DE REMPLACEMENT.

NOUS, Membres du Conseil d'administration d
certifions que, d'après l'autorisation de M. le Directeur général des revues et de la conscription militaire, à nous adressée par sa lettre du , le nommé inscrit sur le registre-matricule de ce corps sous le n° natif d département d âgé de taille d'un mètre millimètres, cheveux sourcils yeux front nez bouche menton visage a été admis à se faire remplacer par le nommé natif d département d âgé de taille d'un mètre millimètres, cheveux sourcils yeux front nez bouche menton visage après avoir rempli toutes les formalités prescrites par l'Instruction générale sur la conscription, et versé dans la caisse du Receveur d la somme de cent francs.

En conséquence, nous avons permis au nommé de quitter le Corps, sans pouvoir être inquiété pour raison du service militaire, sauf les cas de responsabilité imposée aux remplacés par l'Instruction générale ci-dessus citée : il nous a déclaré vouloir se retirer dans la commune d canton d département d

Fait à le

(Signatures des membres du Conseil d'administration.)

(Cachet du Corps.)

(*Visa*, *pour les Corps de ligne*, de l'Inspecteur aux revues ayant la police du corps ; 2° *pour les Compagnies de réserve*, du Préfet ; 3° *pour les Canonniers gardes-côtes*, du Directeur d'artillerie.)

(Indication du Corps.)

Trimestre de 181

Modèle n° 29.

Art. 596 de l'Instruction générale.

ÉTAT des Suppléans de Conscrits et des Remplaçans de Militaires, qui ont déserté d

pendant le trimestre de 181

NUMÉROS d'ordre.	NOMS ET PRÉNOMS des DÉSERTEURS.	INDICATION s'ils sont Suppléans, ou Remplaçans.	DATE			NOMS ET PRÉNOMS des SUPPLÉÉS ou REMPLACÉS.	Si ce sont des Suppléés, CLASSE de Conscription à laquelle ils appartiennent.	DOMICILE DES SUPPLÉÉS comme Conscrits, ou Lieux dans lesquels les Remplacés se sont retirés. 1° COMMUNE; 2° CANTON; 3° DÉPARTEMENT.	OBSERVATIONS.
			de leur entrée au service, et numéro d'inscription au registre-matricule.	de leur désertion.	de leur condamnation comme déserteurs.				
1.	2.	3.	4.	5.	6.	7.	8.	9.	10.

Certifié par nous, Membres du Conseil d'administration du

A *le*

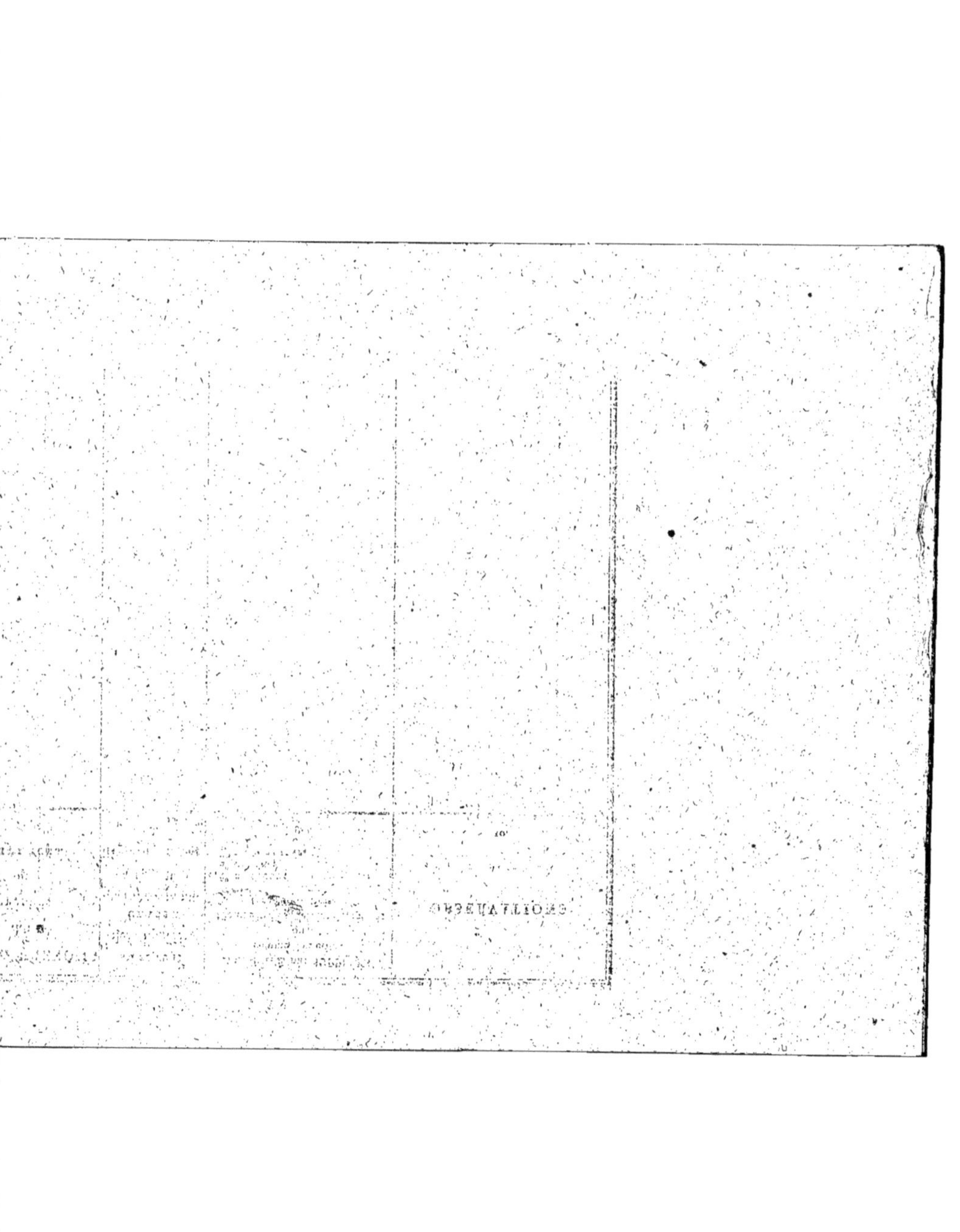

dication du Corps.)

Trimestre de 181

MODÈLE N° 30.
Art. 597 de l'Instruction générale.

DÉPARTEMENT d

EXTRAIT de l'État des Suppléans de Conscrits et des Remplaçans de Militaires qui ont déserté d
pendant le trimestre de 181

NUMÉROS d'ordre.	NOMS ET PRÉNOMS des DÉSERTEURS.	INDICATION s'ils sont Suppléans, ou Remplaçans.	DATE de leur entrée au service, et Numéro d'inscription au registre-matricule.	DATE de leur désertion.	DATE de leur condamna… comme déser…	NOMS ET PRÉNOMS des SUPPLÉÉS, ou REMPLACÉS.	Si ce sont des Suppléés, CLASSE de Conscription à laquelle ils appartiennent.	DOMICILE DES SUPPLÉÉS comme Conscrits, ou Lieux dans lesquels les Remplacés se sont retirés. — 1° COMMUNE; 2° CANTON; 3° DÉPARTEMENT.	OBSERVATIONS.
1.	2.	3.	4.	5.	6.	7.	8.	9.	10.

Certifié par nous, Membres du Conseil d'administration du

à le 15

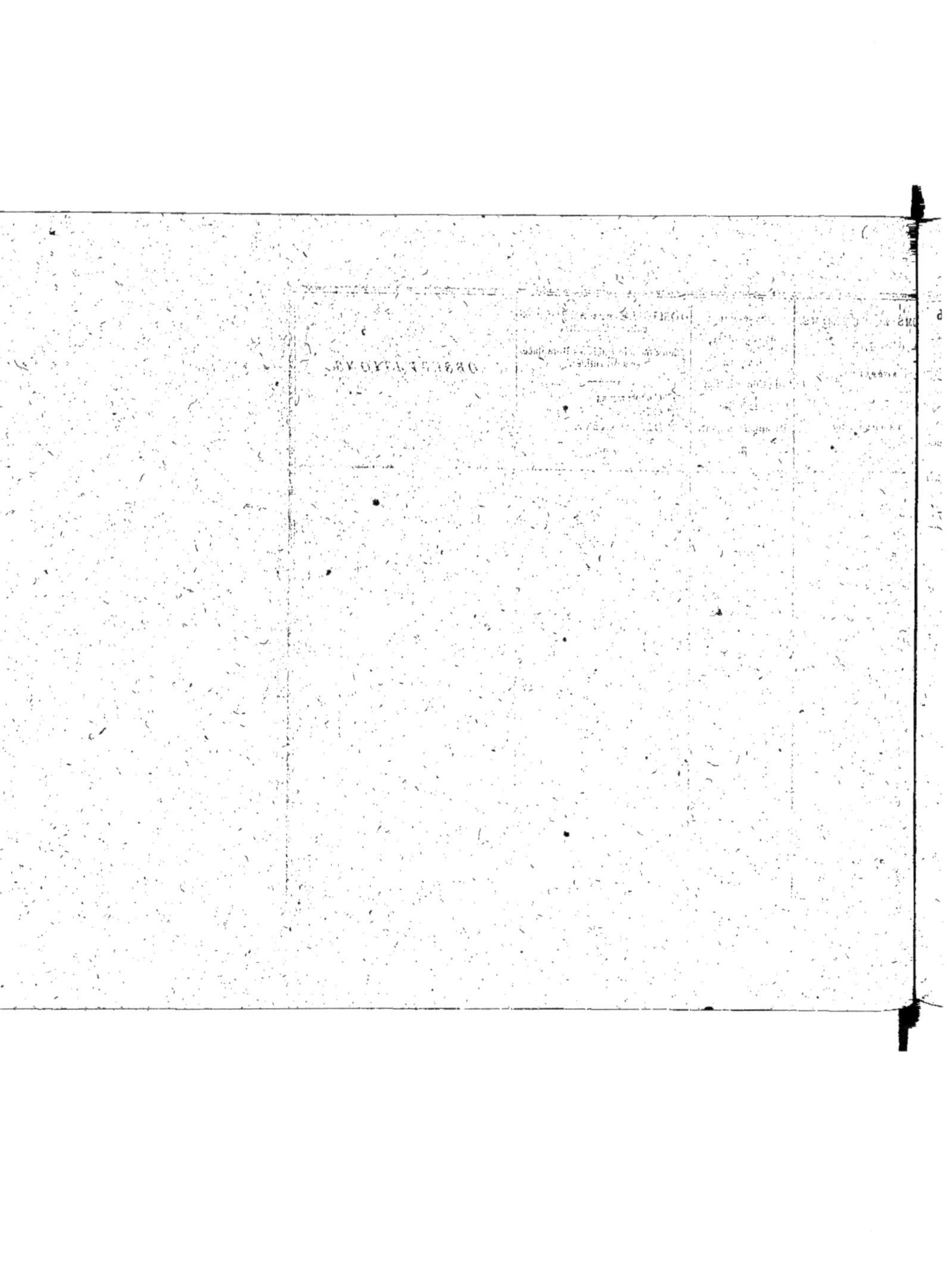

DÉPARTEMENT
d

TRIMESTRE
de 181

MODÈLE N° 31.
Art. 610 de l'Instruction générale.

ÉTAT général des Suppléans et des Remplaçans dont la désertion a été notifiée au Capitaine de Recrutement du département d
contenant l'indication des mesures prises pour astreindre les suppléés et les remplacés à fournir de nouveaux Suppléans ou Remplaçans, ou à marcher eux-mêmes.

NUMÉROS d'ordre.	NOMS ET PRÉNOMS des DÉSERTEURS.	CORPS auxquels ils appartiennent.	INDICATION s'ils sont suppléans ou remplaçans.	DATE de leur entrée au service, et numéro d'inscription au registre-matricule.	DATE de leur désertion.	DATE de leur condamnation comme déserteurs.	NOMS et PRÉNOMS des suppléés ou remplacés.	LEUR DOMICILE 1° commune, 2° canton, 3° département.	NOMS ET PRÉNOMS des nouveaux suppléans ou remplaçans fournis par les suppléés ou remplacés, ou INDICATION qu'ils ont marché eux-mêmes, ou Que les suppléés ont été condamnés comme réfractaires, et les remplacés désignés comme déserteurs, pour n'avoir pas fait admettre de nouveaux suppléans ou remplaçans, et ne s'être pas présentés pour marcher eux-mêmes.	DATE du départ des nouveaux suppléans ou remplaçans, ou des suppléés ou remplacés.	DATE de leur incorporation.	OBSERVATIONS.
1.	2.	3.	4.	5.	6.	7.	8.	9.	10.	11.	12.	13.

Certifié par le Capitaine de recrutement du département d
A *le*

Vu par le Préfet du département d
A *le*

Modèle N° 32.
Art. 615 de l'Instruction générale.

REGIMENT d

ÉTAT nominatif des Conscrits jugés impropres au service, et (réformés, *ou* proposés pour la réforme) *par le Général inspecteur en exécution de l'Instruction générale sur la Conscription.*

NUMÉROS d'ordre.	NOMS des CONSCRITS.	CLASSE de conscription à laquelle ils appartiennent.	DÉSIGNATION DU LIEU où ils ont satisfait à la conscription.				DATE de leur arrivée au Corps.	NUMÉRO sous lequel ils sont portés au registre-matricule.	DÉTAIL des INFIRMITÉS.	OBSERVATIONS
			COMMUNE.	CANTON.	ARRONDISSEMENT.	DÉPARTEMENT.				
1.	2.	3.	4.	5.	6.	7.	8.	9.	10.	11.
	Les Conscrits du même département et de la même classe devront être placés à la suite l'un de l'autre.									

Certifié par nous

A

MODÈLE n° 33.
Art. 615 de l'Instruction générale.

REGIMENT d

ÉTAT NOMINATIF des Suppléans de Conscrits jugés impropres au service, et (réformés *ou* proposés pour la réforme) *par le Général inspecteur*
en exécution de l'Instruction générale sur la Conscription.

NUMÉROS d'ordre.	NOMS et PRÉNOMS des SUPPLÉANS.	LIEU DE NAISSANCE.		DATE de leur arrivée aux corps.	NUMÉRO sous lequel ils sont portés au registre-matricule.	NOMS et PRÉNOMS des CONSCRITS SUPPLÉÉS.	CLASSE de conscription à laquelle ils appartiennent.	DÉSIGNATION DU LIEU où les Conscrits ont satisfait à la conscription.				DÉTAIL DES INFIRMITÉS qui donnent lieu à la réforme des Suppléans.	OBSERVATIONS.
		COMMUNE.	DÉPARTEMENT.					COMMUNE.	CANTON.	ARRONDISSEMENT.	DÉPARTEMENT.		
1.	2.	3.	4.	5.	6.	7.	8.	9.	10.	11.	12.	13.	14.
	Les Suppléans des conscrits du même département devront être placés à la suite les uns des autres.												

CERTIFIÉ par nous

A le

(Indication du Corps.)

MODÈLE N° 34.
Art. 616 de l'Instruction géné

N° du Registre-matricule du Corps.

CERTIFICAT de réforme délivré en exécution de l'Instruct
générale sur la conscription.

NOUS soussignés, Membres composant le Conseil d'administra
d   *certifions que le nommé*
(Nom, prénoms, domicile avant l'entrée au service, signalement, cl
de conscription; et si c'est un Suppléant, nom et prénoms du Cons
qu'il remplace.)

a été réformé le
pour
(Détail des infirmités.)

En foi de quoi nous avons signé le présent.
Fait à   *le*

Vu par le Sous-inspecteur aux revues, ayant la police du corps.
A   le

MODÈLE n° 35.
Art. 622 de l'Instruction générale.

REGIMENT d

ÉTAT NOMINATIF des Remplaçans des Militaires jugés impropres au service, *et* (réformés *ou* proposés pour la réforme) *par le Général inspecteur* *en exécution de l'Instruction générale sur la conscription.*

NUMÉROS d'ordre.	NOMS ET PRÉNOMS des REMPLAÇANS.	LIEU DE NAISSANCE.		DATE de leur arrivée au Corps.	NUMÉRO sous lequel ils sont portés au registre-matricule.	NOMS ET PRÉNOMS des Militaires remplacés.	DÉSIGNATION DU LIEU où les remplacés se sont retirés.			DÉTAIL DES INFIRMITÉS qui donnent lieu à la réforme des remplacés.	OBSERVATIONS.
		COMMUNE.	DÉPARTEMENT.				COMMUNE.	CANTON.	DÉPARTEMENT.		
1.	2.	3.	4.	5.	6.	7.	8.	9.	10.	11.	12.
	Les Remplaçans des Militaires du même département devront être placés à la suite les uns des autres.										

CERTIFIÉ par nous

A *le* 17

DÉPARTEMENT
d

MODÈLE n° 36.
Art. 632 de l'Instruction générale.

ÉTAT

Des Conscrits de la classe de dirigés sur les Corps en remplacement des Conscrits réformés pour infirmités antérieures à leur incorporation.

DÉSIGNATION DES CORPS auxquels les Réformés ont appartenu. 1.	NOMBRE de Réformés par corps. 2.	CLASSE de CONSCRIPTION des Réformés. 3.	TOTAL des RÉFORMÉS. 4.	DÉSIGNATION DES CORPS sur lesquels les Conscrits appelés en remplacement des réformés ont été dirigés. 5.	NOMBRE de CES CONSCRITS par corps. 6.	CLASSE de CES CONSCRITS. 7.	TOTAL des Conscrits appelés en remplacement des réformés. 8.	OBSERVATIONS. 9.

CERTIFIÉ par nous Préfet du département d

A   le

DÉPARTEMENT

Trimestre de 181

MODÈLE N° 37.
Art. 636 de l'Instruction générale.

ÉTAT GÉNÉRAL

Des Suppléans et des Remplaçans dans la réforme prononcée dans les Corps, pour infirmités existantes antérieurement à leur incorporation, a été notifiée au Capitaine de recrutement du département d'   pendant le   trimestre de 181   , contenant l'indication des mesures qui ont été prises pour astreindre les Suppléés et les Remplacés à fournir de nouveaux Suppléans ou Remplaçans, ou à marcher.

NUMÉROS d'ordre.	NOMS et PRÉNOMS des Suppléans ou Remplaçans réformés.	CORPS auxquels ils appartenaient.	INDICATION s'ils sont Suppléans ou Remplaçans.	DATE de leur réforme.	NOMS et PRÉN[illegible] des Supplé[illegible] ou Remplacé[illegible]	[illegible]E DOMICILE. [illegible] ; [illegible] ; [illegible]ÉPARTEMENT.	NOMS et PRÉNOMS des nouveaux Suppléans ou Remplaçans fournis par les Suppléés ou Remplacés, ou INDICATION qu'ils ont marché eux-mêmes, ou	DATE du départ des nouveaux Suppléans ou Remplaçans, ou des Suppléés, ou remplacés.	DATE de leur incorporation.	OBSERVATIONS.
1.	2.	3.	4.	5.	6.	7.	8.	9.	10.	11.

Certifié par le Capitaine de recrutement du département d

A le

[illegible]u par le Préfet du département d

A le 18

LA

MODÈLE N° 38.
Art. 677 de l'Instruction générale.

DÉPARTEMENT

d

CONTRÔLE GÉNÉRAL

POUR

LA POURSUITE INDIVIDUELLE DES RÉFRACTAIRES

DE LA CLASSE DE 18

Nota. Ce Contrôle doit comprendre les réfractaires appartenant par leur âge à la classe ci-dessus désignée, de même que les conscrits qui, ayant été comme premiers à marcher ou comme omis, renvoyés des classes antérieures à la même classe, ont été ensuite dénoncés comme réfractaires.

18.

NUMÉRO DU CONSCRIT sur le présent Contrôle de la proposition individuelle.	le Contrôle ouvert pour le recensement des conscrits.	la liste du tirage de son canton.	NOM ET PRÉNOMS du Conscrit.	LIEU ET DATE DE NAISSANCE DU CONSCRIT; NOMS, PRÉNOMS ET DOMICILE DE SES PÈRE ET MÈRE, (ou le sien, s'il a un domicile distinct); SON SIGNALEMENT ET SA PROFESSION.	DATES 1° De la dénonciation du capitaine de recrutement; 2° De l'arrêté du Préfet; 3° De la condamnation	MOTIFS de la DÉNONCIATION.	*Si le Préfet a fait suspendre la condamnation, ou reconnu qu'elle ne devait pas avoir lieu,* INDICATION de SES MOTIFS.	RENSEIGN[illegible] sur l'é[illegible] et LE CONS[illegible] peut être	MUTATIONS SURVENUES dans LA SITUATION DU CONSCRIT, ou INDICATION de la date de sa rentrée, ou de son arrestation, ou de son décès, de sa réforme, ou de son évasion après sa rentrée ou son arrestation, ou de son entrée à l'hôpital, ou de son arrivée à sa destination, et de toutes les mutations; de la sentence qui lui a été donnée après son arrestation ou sa sortie; *(S'il vient à être susceptible de radiation pour l'un des motifs spécifiés aux derniers numéros de l'article 958 de l'Instruction générale.)* Du cas où il se trouve	*Si les renseignemens recueillis postérieurement à la condamnation du conscrit, font connaître qu'il n'aurait pas dû être condamné,* INDICATION du cas où il se trouve, et qui lui donne droit à la révocation du jugement. (*Voir* les sept premiers numéros de l'article 958 de l'Instruction générale, pour la spécification des cas où un conscrit a été indûment condamné.)	DATE de LA DÉCISION du Directeur général, autorisant la radiation du Conscrit.	INDICATION Si, par suite des mutations, le conscrit a dû, pour l'un des motifs spécifiés articles 839, 840 et 842 de l'Instruction générale, être compté en déduction du contingent.	*OBSERVATIONS.*
1.	2.	3.	4.	5.	6.	7.	8.	9.	10.	11.	12.	13.	14.
			Nom. Prénoms.	Né le 17 à canton d dépt d DOMICILIÉ À canton d dépt d FILS d et d domiciliés à canton d PROFESSION. taille cheveux sourcils yeux front nez bouche menton visage teint Marques particulières.	1° 2° 3°								

Nota. Ce Tableau doit contenir trois cases de plus, conformes à ce modèle.

[illegible]

MODÈLE n° 39.

Instruction générale, art. 682.

DÉPARTEMENT

d

ARRONDISSEMENT DE SOUS-PRÉFECTURE

d

CONTRÔLE

pour la poursuite individuelle des Réfractaires

DE LA CLASSE de 18

Nota. Ce contrôle comprendra les réfractaires appartenant par leur âge à la classe ci-dessus désignée, de même que les conscrits qui, ayant été comme premiers à marcher, ou comme omis, renvoyés des classes antérieures à la même classe, ont ensuite été dénoncés comme réfractaires.

NUMÉRO DU CONSCRIT sur				NOM ET PRÉNOMS du Conscrit.	LIEU ET DATE DE NAISSANCE DU CONSCRIT ; NOMS, PRÉNOMS ET DOMICILE DE SES PÈRE ET MÈRE ; son domicile, s'il en a un distinct ; SA PROFESSION.	DATES, 1° de la dénonciation du capitaine de recrutement ; 2° de l'arrêté du préfet ; 3° de la condamnation.	RENSEIGNE[…] sur le lie[…] où le conscr[…] peut être […]	RENSEIGNEMENS RECUEILLIS POSTÉRIEUREMENT A LA CONDAMNATION DU CONSCRIT, ET MUTATIONS SURVENUES DANS SA POSITION.	DATE de la décision du Directeur général autorisant la radiation DU CONSCRIT.	OBSERVATIONS.
le présent contrôle de la poursuite individuelle.	le contrôle servant pour le recouvrement des amendes.	la liste du tirage de son canton.	le tableau général de la classe et du département.							
1.	2.	3.	4.	5.	6.	7.	8.	9.	10.	11.
				Nom. Prénoms.	Né le 17 , à canton d département d DOMICILIÉ à canton d département d FILS d et d domiciliés à canton d profession.					

Note. Ce tableau doit

DÉPARTEMENT
d

Modèle n° 40.
Art. 688. de l'Instruction générale.

RÉSUMÉ de la situation du département, sous le rapport de la poursuite individuelle des Conscrits réfractaires, à la date du 18

INDICATION de CHAQUE CLASSE.	NOMBRE DES CONSCRITS dénoncés PAR LE CAPITAINE DE RECRUTEMENT,					MUTATIONS survenues dans la situation des Conscrits condamnés comme réfractaires. NOMBRE DES CONDAMNÉS							DÉTAILS sur les Réfractaires arrêtés ou rentrés depuis leur condamnation, et portés dans les colonnes 8 et 9. NOMBRE DE CEUX DE CES CONSCRITS							DÉTAILS sur ceux des conscrits portés dans les colonnes 7, 8, 9 et 11 qui ont été jugés susceptibles de radiation. Nombre de radiations		OBSERVATIONS.
	qui ont été condamnés comme réfractaires.	dont le Préfet a suspendu la condamnation.	dont le Préfet a reconnu que la condamnation ne devait pas être prononcée.	restant à condamner comme réfractaires.	TOTAL des conscrits dénoncés par le capitaine de recrutement.	qui, depuis leur condamnation, [illegible]	qui, depuis leur condamnation, ont été arrêtés ou sont rentrés, et ne se sont pas évadés depuis. Arrêtés.	Rentrés volontairement.	TOTAL des réfractaires morts, ou présumés morts, ou arrêtés, ou rentrés, depuis leur condamnation.	qui, [illegible]	qui, à la date du présent résumé, restent à poursuivre.	TOTAL des colonnes 7, 8, 9, 10, 11 et 12, égal au total (porté dans la deuxième colonne) des conscrits condamnés comme réfractaires.	qui ont été dirigés sur les corps.	qui ont été dirigés sur les dépôts généraux de réfractaires.	qui sont en route pour se rendre à des corps.	qui sont en route pour se rendre aux dépôts généraux de réfractaires.	[illegible]	qui, pour cause d'infirmités, ont été jugés absolument (impropres) pour le service.	TOTAL égal aux nombres portés dans les colonnes 8 et 9.	autorisées par le directeur général.	[illegible]	
1.	2.	3.	4.	5.	6.	7.	8.	9.	10.	11.	12.	13.	14.	15.	16.	17.	18.	19.	20.	21.	22.	23.
Totaux pour les diverses classes.																						

MODÈLE N° 41.
Art. 690 de l'Instruct. générale.

DÉPARTEMENT

d

SUPPLÉMENT (N°) au Contrôle général,

POUR

POURSUITE INDIVIDUELLE DES RÉFRACTAIRES

DE LA CLASSE DE 18

Nota. Ce supplément doit comprendre les réfractaires appartenant à la classe ci-dessus désignée, de même que les conscrits qui, ayant été comme premiers à marcher ou comme omis, renvoyés des classes antérieures à la même classe, sont dénoncés comme réfractaires.

NUMÉRO DU CONSCRIT sur			NOM ET PRÉNOMS du Conscrit.	LIEU ET DATE DE NAISSANCE DU CONSCRIT; NOMS, PRÉNOMS ET DOMICILE DE SES PÈRE ET MÈRE, (ou le sien, s'il a un domicile distinct); SON SIGNALEMENT ET SA PROFESSION.	DATES 1° De la dénonciation du capitaine de recrutement; 2° De l'arrêté du Préfet; 3° De la condamnation	MOTIFS de la [illegible].	*Si le Préfet a fait suspendre la condamnation, ou reconnu qu'elle ne devait pas avoir lieu,* INDICATION de SES MOTIFS.	RENSEIG[...] sur le[...] et LE CONS[...] peut être [...]	MUTATIONS SURVENUES dans LA SITUATION DU CONSCRIT, OU INDICATION de la date de sa rentrée, ou de son arrestation, ou de son décès, de sa réforme, ou de son évasion après sa rentrée ou son arrestation, ou de son entrée à l'hôpital, ou de son arrivée à sa destination, [...], de toutes les mutations; de la destination qui lui a été donnée après son arrestation ou sa rentrée; *(S'il vient à être susceptible de radiation pour l'un des motifs spécifiés aux [...] derniers numéros de l'article 965 de l'Instruction générale.)* Du cas où il se trouve	*Si les renseignements recueillis postérieurement à la condamnation du conscrit, font connaître qu'il n'aurait pas dû être condamné,* INDICATION du cas où il se trouve, et qui lui donne droit à la révocation du jugement. *(Voir les sept premiers numéros de l'article 968 de l'Instruction générale, pour la spécification des cas où un conscrit a été indûment condamné.)*	DATE de LA DÉCISION du Directeur général, autorisant la radiation du Conscrit.	INDICATION Si, par suite des mutations, le conscrit a dû, pour l'un des motifs spécifiés articles 839, 840 et 841 de l'Instruction générale, être compté en déduction du contingent.	OBSERVATIONS.
le présent Contrôle de [illegible] rébellion.	le Contrôle servant pour le [illegible] des conscrits.	la liste du tirage de son canton.											
1.	2.	3.	4.	5.	6.	7	8.	9	10.	11.	12.	13.	14.
			Nom. Prénoms.	Né le, 17 à canton d dép^t d DOMICILIÉ à canton d dép^t d FILS d et d domiciliés à canton d PROFESSION taille cheveux sourcils yeux front nez bouche menton visage teint Marques particulières.	1° 2° 3°								

Nota. Ce Tableau doit conten[...] trois cases de plus, conformes à ce modèle.

DÉPARTEMENT
d

MODÈLE N° 42.
Art. 693 de l'Instruction générale.

LISTE nominative des Conscrits compris comme dénoncés sur le contrôle général de la poursuite individuelle, qui, sur les feuilles de quatrième expédition du contrôle, transmises au Directeur général de la Conscription, n'ont point encore été annotés comme condamnés.

NUMÉRO DU CONSCRIT sur le contrôle		NOM et PRÉNOMS.	DATES	*Si le Préfet a fait suspendre la condamnation, ou reconnu qu'elle ne devait pas avoir lieu;* INDICATION DE SES MOTIFS.	OBSERVATIONS.
de la poursuite individuelle.	servant pour le recouvrement de l'amende.		1° de l'arrêté du Préfet. 2° de la condamnation.		
1.	2.	3.	4.	5.	6.

Nota Ce tableau doit contenir neuf cases de plus.

DÉPARTEMENT

d

MODÈLE N° 43.

Art. 695 de l'Instruction générale.

ÉTAT (N°   ) des Mutations du Contrôle général servant pour la Poursuite individuelle des Conscrits réfractaires de la classe d

NUMÉRO DU CONSCRIT sur		NOMS ET PRÉNOMS du Conscrit.	MUTATIONS survenues dans la SITUATION du Conscrit, ou INDICATION 1° De la date de sa rentrée, ou de son arrestation, ou de son décès, ou de sa réforme, ou de son évasion après sa rentrée ou son arrestation, ou de son entrée à l'hôpital, ou de son arrivée à sa destination, enfin de toutes les mutations; 2° De la DESTINATION qui lui a été donnée après son arrestation ou sa rentrée; 3° *(S'il vient à être susceptible de radiation pour l'un des motifs spécifiés aux huit derniers numéros de l'article 955 de l'Instruction générale,)* Du CAS où il se trouve.	*Si les renseignemens recueillis postérieurement à la condamnation du conscrit font connaître qu'il n'aurait pas dû être condamné,* INDICATION du cas où il se trouve, et qui lui donne droit à la révocation du jugement. (*Voir* les sept premiers numéros de l'article 955 de l'Instruction générale, pour la spécification des cas où un Conscrit a été induement condamné.)	DATE de LA DÉCISION du Directeur général autorisant la radiation du Conscrit.	INDICATION Si par suite des mutations, le Conscrit a dû, pour l'un des motifs spécifiés, articles 839, 840 et 842 de l'Instruction générale, être compté en déduction du contingent.
le contrôle de la poursuite individuelle.	le contrôle servant pour le recouvrement des amendes.					
1.	2.	3.	4.	5.	6.	7.

Nota. Ce tableau doit contenir dix cases de plus.

MODÈLE n°. 44.
Art. 714 de l'Instruction générale.

DÉPARTEMENT
d

ÉTAT NUMÉRIQUE, par commune, des Réfractaires, Retardataires, et autres insoumis restant à rechercher au dernier jour du Trimestre de 18

DÉPARTEMENT d

ÉTAT NUMÉRIQUE, par Commune, des Réfractaires, Retardataires, [illegible], restant à rechercher, au dernier jour du trimestre de 18

ARRONDISSEMENS de SOUS-PRÉFECTURE.	CANTONS.	COMMUNES.	NOMBRE D'INSOUMIS A RECHERCHER par CANTON. Conscrits condamnés en bloc.	Déserteurs de corps.	TOTAL.	NOMBRE D'INSOUMIS A RECHERCHER par COMMUNE. Conscrits non encore condamnés comme Réfractaires	Conscrits condamnés comme Réfractaires.	Déserteurs de corps.	TOTAL.	INDICATION SI LE NOMBRE des conscrits condamnés ou non, et restant à rechercher par Commune, excède la proportion d'un sur cinq cents habitans de la commune.	Canton, excède la proportion du huitième des contingens assignés sur les cinq dernières classes.	[illegible]	DU TEMS pendant lequel les insoumis ont été poursuivis, dans chaque commune, par voie de réquisition.	Garnisaires suivant l'article 728 de l'instruction générale sur la conscription.	DES AUGMENTATIONS qui ont été apportées à la force, à la durée, et aux frais de la garnison.	du nombre de Conscrits condamnés ou non, qui, dans chaque commune, sont hors d'état, eux et leurs familles, de payer les frais de la garnison;	et des habitans de la commune qui ont été déclarés solidaires pour le paiement de ces frais.	MESURES QUE LE PRÉFET, le Commandant du département, et l'Officier de gendarmerie le plus élevé en grade, proposent de prendre pour faire arrêter ou rentrer les insoumis restant à atteindre.	OBSERVATIONS.
1.	2.	3.	4.	5.	6.	7.	8.	9.	10.	11.	12.	[illegible]	14.	15.	16.	17.	18.	19.	20.
		TOTAUX......																	

ARRÊTÉ le présent le 18

Le Préfet [illegible] (grade et l'arme) Commandant [illegible] département. le (le grade) de gendarmerie.

Nota. Le présent État ne doit point comprendre les communes, cantons et arrondissemens où il n'y a point d'insoumis à poursuivre.

GENDARMERIE IMPÉRIALE

BRIGADE d

MODÈLE N° 45.
Art. 724 de l'Instruction générale.

DÉPARTEMENT d

FEUILLE D'ARRESTATION D'UN CONSCRIT.

La présente Feuille sera remise au Capitaine de recrutement, lorsque le Conscrit sera arrivé au Chef-lieu du Département où l'arrestation aura eu lieu.

NOM, PRÉNOMS ET SIGNALEMENT du Conscrit.	Nom Conscrit de la classe de Canton d fils d domiciliés à Département d à Département d cheveux yeux nez menton teint profession	prénoms de la Commune d Département d et d Canton d né le Canton d taille d sourcils front bouche visage marques particulières	Arrêté le par (1) Remis à la Brigade d le Remis à la Brigade d le Remis à la Brigade d le Remis à la Brigade d le Remis à la Brigade d le	(2) (2) (2) (2) (2)	(1) Indiquer le nom de celui qui a arrêté, et sa qualité. (2) Prendre et faire porter sur cette feuille le récépissé des Brigades.
MOTIFS de son Arrestation.					
RENSEIGNEMENS extraits des papiers dont il était porteur.					
SES RÉPONSES.			Déposé à l'hôpital d le	(3)	(3) Faire porter de même sur cette feuille le récépissé de l'agent en chef de l'hôpital. La Brigade qui aura déposé le Conscrit à l'hôpital, demeurera chargée de connaître son entrée lorsqu'il en sortira; en conséquence, elle gardera la présente feuille.
Autres renseignemens acquis par la Brigade.					

Vu par le Capitaine de Gendarmerie
le

Certifié la présente feuille par moi (4)
A *le* 181

(4) Maréchal des logis, ou Brigadier de Gendarmerie, commandant la Brigade d

MODÈLE N° 46.
Art. 761 de l'Instruction générale.

ÉTAT de situation des Communes, sous le rapport des Conscrits à recherch[...]*dant à obtenir l'autorisation d'augmenter la force* (ou la durée, ou les frais) *des Garnisaires*, (ou de rendre les Habitans des Comm[...]daires pour le paiement des frais de Garnisaires.)

ARRONDISSEMENT de SOUS-PRÉFECTURE.	CANTON.	COMMUNE.	NOMBRE D'INSOUMIS à rechercher PAR COMMUNE.			SI LE NOMBRE		INDICATION DU TEMPS pendant lequel les insoumis ont été poursuivis, dans chaque commune, par voie de		des AUGMENTATIONS	du nombre	PROPOSITIONS DU PRÉFET.
			Conscrits condamnés ou non comme Réfractaires.	Déserteurs de Corps.	TOTAL.	des Conscrits condamnés ou non comme réfractaires, restant à rechercher dans le canton, excède le huitième des contingens assignés sur les cinq dernières classes.	des Déserteurs du corps et des Cons[...] condamnés [...] à recherch[...] par commune excède le p[...]tion, d'un [...] cinquante hab[...] de la comm[...]	Perquisition.	Garnisaires, suivant l'article 738 de l'Instruction générale sur la conscription.	qui ont été apportées à la force, à la durée et aux frais de la garnison.	des Conscrits condamnés ou non, qui, dans chaque commune, sont hors d'état, eux ou leurs familles, de payer les frais de la garnison.	
1.	2.	3.	4.	5.	6.	7.	8.	9.	10.	11.	12.	13.

Certifié le présent état, à   le   181

Le Préfet

21

DÉPARTEMENT d

Modèle N° 47.
Art. 875 et 913 de l'Instruction générale.

FEUILLE INDIVIDUELLE *portant notification d* *(l'évasion, ou l'entrée à l'hôpital, ou le décès.)* *d'un Conscrit* *(Réfractaire, ou Retardataire, ou déclaré premier à marcher, etc.)*

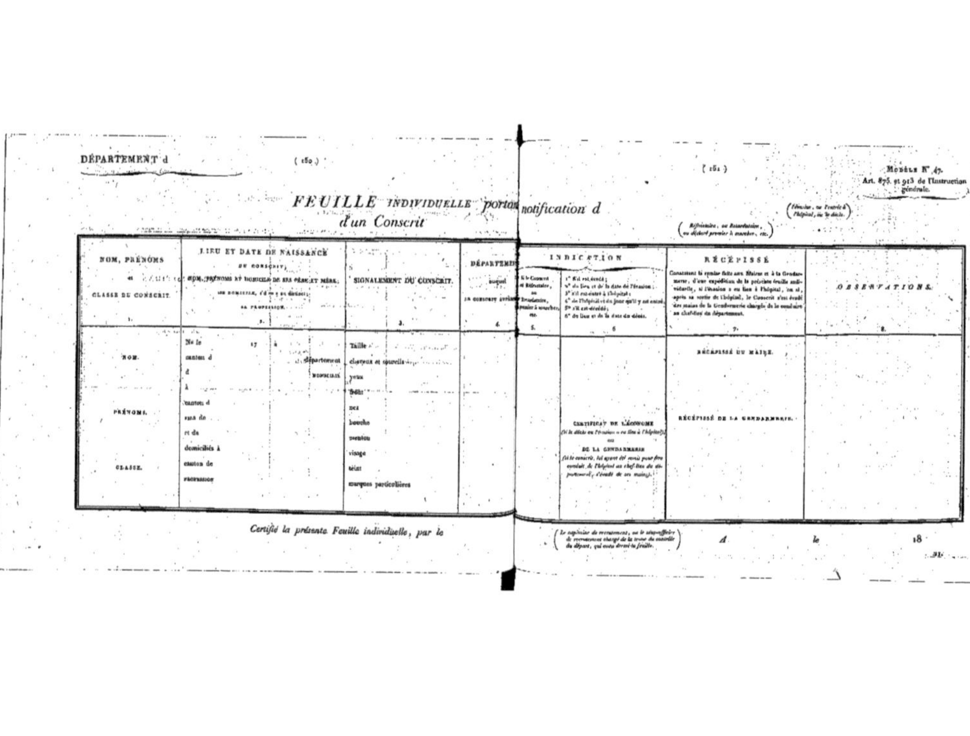

NOM, PRÉNOMS et CLASSE DU CONSCRIT. 1.	LIEU ET DATE DE NAISSANCE DU CONSCRIT; NOM, PRÉNOMS ET DOMICILE DE SES PÈRE ET MÈRE; SON DOMICILE, s'il en a un distinct; SA PROFESSION. 2.	SIGNALEMENT DU CONSCRIT. 3.	DÉPARTEMENT auquel LE CONSCRIT APPARTIENT. 4.	INDICATION — Si le Conscrit est Réfractaire, ou Retardataire, premier à marcher, etc. 5.	INDICATION — 1° S'il est évadé; 2° du lieu et de la date de l'évasion; 3° s'il est entré à l'hôpital; 4° de l'hôpital et du jour qu'il y est entré; 5° s'il est décédé; 6° du lieu et de la date du décès. 6	RÉCÉPISSÉ Constatant la remise faite aux Maires et à la Gendarmerie, d'une expédition de la présente feuille individuelle, si l'évasion a eu lieu à l'hôpital, ou si, après sa sortie de l'hôpital, le Conscrit s'est évadé des mains de la Gendarmerie chargée de le conduire au chef-lieu du département. 7.	OBSERVATIONS. 8.
NOM. PRÉNOMS. CLASSE.	Né le 17 à canton d département d domicilié à canton d fils de et de domiciliés à canton de profession	Taille cheveux et sourcils yeux front nez bouche menton visage teint marques particulières			CERTIFICAT DE L'ÉCONOME *(si le décès ou l'évasion a eu lieu à l'hôpital)*, OU DE LA GENDARMERIE *(si le conscrit, lui ayant été remis pour être conduit de l'hôpital au chef-lieu du département, s'est évadé de ses mains).*	RÉCÉPISSÉ DU MAIRE. RÉCÉPISSÉ DE LA GENDARMERIE.	

Certifié la présente Feuille individuelle, par le *(Le capitaine de recrutement, ou le sous-officier de recrutement chargé de la tenue du contrôle du départ, qui aura dressé la feuille.)* *A* le 18

MODÈLE n° 48.
Art. 887 de l'Instruction générale.

CONVOI (*Indiquer si le convoi est périodique ou éventuel.*) de Réfractaires, Retardataires et autres Conscrits, dirigé sur le Dépôt général des Réfractaires établi à

ÉTAT numérique de départ envoyé au Commandant du Dépôt général des Réfractaires.

INDICATION DES DÉPARTEMENS dont les convois réunis forment le convoi général au jour du présent départ. Départemens qui, sur la ligne, précèdent celui où le départ a lieu (1).	Département où le départ a lieu (2).	NOMBRE DE CONSCRITS présens, qui, au départ du convoi général, composent le convoi particulier de chaque département.	DATE à laquelle le convoi part du chef-lieu du département indiqué dans la 2e colonne.	DATE à laquelle le convoi arrivera à sa destination.	OBSERVATIONS.
1.	2.	3.	4.	5.	6.
Basses-Pyrénées		"			
Hautes-Pyrénées		19.			
Gers		21.			
Ariége		11.			
Haute-Garonne		40.			
Tarn-et-Garonne		"			
Lot		32.			
Corrèze		15.			
Landes		16.			
Gironde		17.			
Lot-et-Garonne		23.			
Dordogne		6.			
Charente		9.			
Haute-Vienne		12.			
Creuse		6.			
Tarn		8.			
Aveyron		13.			
Cantal		11.			
Puy-de-Dôme		12.			
	Allier	14.	31 décem. 1811.	20 janvier 1812.	
Force totale du convoi au jour de son départ de Moulins		285.			

(1) Les départemens à inscrire dans la première colonne, doivent y être portés dans l'ordre où ils sont indiqués, sur l'itinéraire transmis par le Directeur général de la conscription.

Le capitaine de recrutement, si son département n'est point tête de ligne, portera toujours dans la première colonne de son état de départ, la totalité des départemens qui précèdent le sien, soit que ces départemens aient fourni ou non un convoi, soit que les convois fournis se trouvent être éventuels ou périodiques. Si l'un de ces départemens n'a point fourni de convoi, la 3e colonne portera des guillemets à l'article de ce département.

Le capitaine de recrutement, si son département est tête de ligne, n'aura point de département à porter dans la 1re colonne.

(2) Le département où le départ a lieu doit être porté dans la 2e colonne, au-dessous du département qui sera inscrit le dernier dans la 1re colonne.

Certifié par moi Capitaine de recrutement du département d

A *le* 181

DÉPARTEMENT MODÈLE n° 49.

d Art. 907 de l'Instruction générale.

CONVOI (périodique ou éventuel) *de Réfractaires, Retardaires, et autres Conscrits, dirigé sur* (indiquer la destination) *stationné à*

CONTRÔLE DE DÉPART.

NOMBRE DE CONSCRITS PORTÉS SUR LE PRÉSENT CONTRÔLE.				DATE		NOM		
Présens au départ.	Décédés.	Évadés.	TOTAL.	du départ du convoi.	à laquelle le convoi arrivera à sa destination.	et grade de l'Officier de recrutement commandant le convoi.	grade et département du Sous-officier de recrutement chargé de tenir le contrôle.	et résidence du Maréchal-des-logis de gendarmerie commandant l'escorte.

CERTIFIÉ : *A* *le*

Le Préfet, Le Capitaine de Recrutement,

NUMÉRO d'ordre en inscription de chaque conscrit au présent contrôle.	NUMÉRO du conscrit sur la liste du tirage du canton auquel il appartient.	NOM, PRÉNOMS, CLASSE DU CONSCRIT et département auquel il appartient.	INDICATION SI LE CONSCRIT 1° A été condamné ou mis comme réfractaire; 2° A été arrêté ou s'est représenté volontairement; 3° Si son arrestation ou sa rentrée a eu lieu dans le mois ou après le mois de la condamnation.	LIEU ET DATE DE NAISSANCE DU CONSCRIT; NOMS, PRÉNOMS ET DOMICILE DE SES PÈRE ET MÈRE; Son domicile, s'il en a un distinct; SON SIGNALEMENT; SA PROFESSION.	MUTATIONS.	OBSERVATIONS. Cette colonne doit indiquer entre autres choses, 1° si quelque autorité a refusé de donner le récépissé ou le visa ci-contre; 2° les motifs pour lesquels les conscrits ont été remis à la gendarmerie.
1.	2.	3.	4.	5.	6.	
		Nom. Prénoms. Classe. Département.	1° 2° 3°	Né le 17 à canton d département d DOMICILIÉ à canton d département d FILS d et d domiciliés à canton d taille cheveux et sourcils yeux front nez bouche menton visage teint marques particulières profession	[illegible] évadé à le département d { Récépissé, 1° du maire; 2° de la gendarmerie, constatant la remise du signalement. } 1° 2° [illegible] à l'hôpital d département d { 1° Récépissé de l'homme et du signalement donné par l'économe de l'hôpital; 2° visa du commandant d'armes, ou du maire. } 1° 2° [illegible] à le département d { Certificat du maire attestant qu'une expédition de l'acte de décès a été remise au commandant du convoi. }	

Nota. Ce tableau doi[illegible] de plus.

DÉPARTEMENT d

MODÈLE n° 50.
Art. 911 de l'Instruction générale.

Note. Le présent récépissé sera rapporté ou renvoyé par le sous-officier de recrutement qui aura été chargé des contrôles, au capitaine de recrutement du département dont le chef-lieu commence la ligne d'où seront provenus les contrôles remis. Le capitaine de recrutement joindra ce récépissé à l'état récapitulatif du mois, qu'il adressera, pour les réfractaires, au Directeur général de la conscription.

RÉCÉPISSÉ des contrôles des convois [r]éfractaires, Retardataires et autres Conscrits provenant des départemens qui composent la ligne (particulière ou d'embranchement) *[c]ommençant à* (Indiquer le chef-lieu du département qui commence la ligne.) *et se réunissant à avec la li[gne]* (d'embranchement ou principale.)

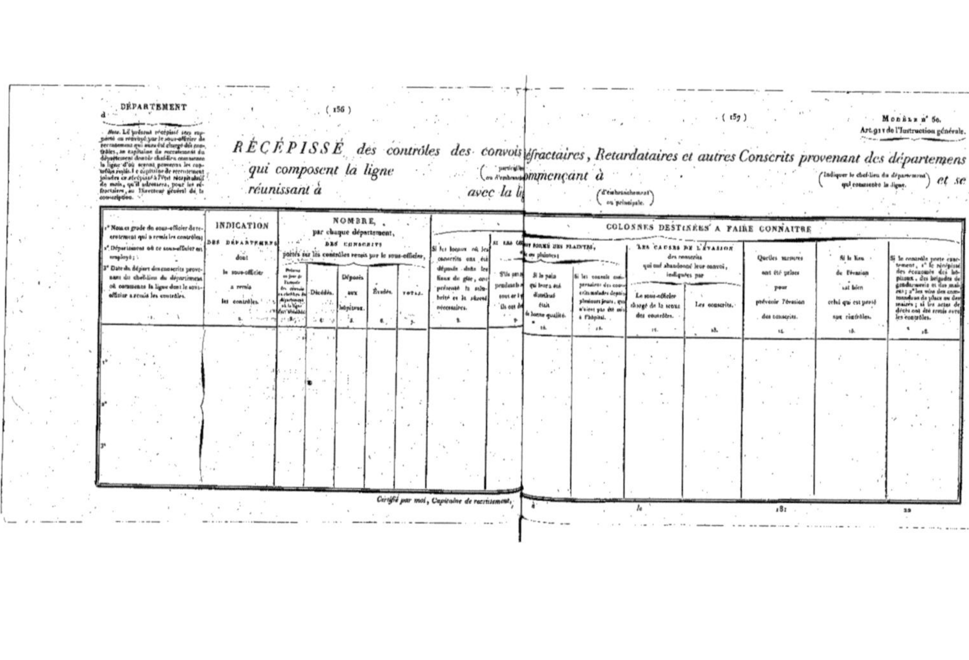

1° Nom et grade du sous-officier de recrutement qui a remis les contrôles; 2° Département où ce sous-officier est employé; 3° Date du départ des conscrits provenant du chef-lieu du département où commence la ligne dont le sous-officier a remis les contrôles.	INDICATION DES DÉPARTEMENS dont le sous-officier a remis les contrôles.	NOMBRE, par chaque département, DES CONSCRITS portés sur les contrôles remis par le sous-officier,					COLONNES DESTINÉES A FAIRE CONNAITRE								
		Présens au jour de l'arrivée des convois au chef-lieu du département où la ligne s'est établie.	Décédés.	Déposés aux hôpitaux.	Évadés.	TOTAL.	Si les locaux où les conscrits ont été déposés dans les lieux de gîte, ont présenté la salubrité et la sûreté nécessaires.	SI LES CO[NSCRITS ONT] FORMÉ DES PLAINTES, [et] ces plaintes : S'ils ont ... pendant le ... tout ce ... ils ont d...	Si le pain qui leur a été distribué était de bonne qualité.	Si les convois comprenaient des conscrits malades depuis plusieurs jours, qui n'aient pas été mis à l'hôpital.	LES CAUSES DE L'ÉVASION des conscrits qui ont abandonné leur convoi, indiquées par Le sous-officier chargé de la tenue des contrôles.	Les conscrits.	Quelles mesures ont été prises pour prévenir l'évasion des conscrits.	Si le lieu de l'évasion est bien celui qui est porté aux contrôles.	Si le contrôle porte exactement, 1° le récépissé des économes des hôpitaux, des brigades de gendarmerie et des maires; 2° les visa des commandans de place ou des maires; si les actes de décès ont été remis avec les contrôles.
1.	2.	3.	4.	5.	6.	7.	8.	9.	10.	11.	12.	13.	14.	15.	16.
1°															
2°															
3°															

Certifié par moi, Capitaine de recrutement, à le 181 .

MODÈLE n° 51.
Art. 938 de l'Instruction générale.

SITUATION NUMÉRIQUE, au jour de l'arrivée à du Convoi des Réfractaires, Retardataires, et autres Conscrits partis le du département d et compris sur le contrôle particulier de ce département.

Présens à l'arrivée du convoi.................................

Evadés...

Décédés..

Déposés aux hôpitaux...................................

TOTAL égal au nombre des Conscrits portés au contrôle..........

Les évadés sont inscrits au contrôle sous les numéros

Les décédés y sont portés sous les numéros

Les Conscrits déposés aux hôpitaux, sous les numéros

Certifié par moi, Commandant du dépôt général des Réfractaires, établi à

Le 181 . 22.

MODÈLE n° 52.
Art. 939 de l'instruction générale.

FEUILLE individuelle extraite des contrôles des convois de Réfractaires, Retardataires, et autres Conscrits sur le dépôt général de Réfractaires établi à

INDICATION du contrôle dont la présente feuille a été extraite.	INDICATION du numéro donné sur le contrôle au conscrit pour lequel la présente feuille a été dressée.	NOM, PRÉNOMS, CLASSE DU CONSCRIT, et département auquel il appartient.	INDICATION SI LE CONSCRIT 1° A été condamné ou non comme réfractaire; 2° A été arrêté ou s'est représenté volontairement; 3° Si son arrestation ou sa rentrée a eu lieu dans le mois, ou après le mois de la condamnation.	LA DATE DE NAISSANCE DU CONSCRIT, LES NOMS ET DOMICILE DE SES PÈRE ET MÈRE, son domicile, s'il en a un distinct; son signalement, sa profession.	INDICATION Si le conscrit, 1° Est arrivé à sa destination; 2° Est décédé; 3° A été déposé à l'hôpital; 4° S'est évadé.	INDICATION du jour de l'arrivée du conscrit, s'il est parvenu à sa destination.	INDICATION de l'hôpital où le conscrit est entré, s'il a été déposé à l'hôpital.
1.	2.	3.	4.	5.	6.	7.	8.
CONTRÔLE du convoi parti le 18 du chef-lieu du département d		Nom. Prénoms. Classe. Département.	1° 2° 3°	Né le 17 à canton d département d DOMICILIÉ à canton d département d FILS d et d domiciliés à canton d taille cheveux et sourcils yeux front nez bouche menton visage teint marques particulières profession	1° 2° 3° 4°		

Certifié par moi, Commandant du dépôt général de Réfractaires établi à

Le 18

Officier commandant le convoi. | Indiquer le nom, le grade et le corps.

Sous-officier chargé de la tenue du contrôle. | Indiquer le nom, le grade et le corps.

Maréchal-des-logis de gendarmerie commandant l'escorte. | Indiquer le nom et la résidence.

DÉPARTEMENT d

MODÈLE N° 53.
Art. 947 de l'Instruction générale.

CONVOI (*Indiquer si le convoi est périodique ou éventuel.*) de Réfractaires, Retardataires et autres Conscrits, dirigés sur le DÉPÔT GÉNÉRAL des Réfractaires, établi à

ÉTAT NUMÉRIQUE *de Départ envoyé au Directeur général de la Conscription.*

INDICATION des départemens dont les convois réunis forment le convoi général au jour du présent départ.		NOMBRE DES CONCRITS portés sur le Contrôle du Convoi particulier de chaque département.					DATE à laquelle le convoi		
Départemens qui, sur la ligne, précèdent celui où le départ a lieu (1).	Département où le départ a lieu (2).	Présens au départ du chef-lieu du département indiqué dans la 2e colonne.	Décédés.	Déposés à l'hôpital.	Évadés.	TOTAL.	part du chef-lieu du département indiqué dans la 2e colonne.	arrivera à sa destination.	Observations.
1.	2.	3.	4.	5.	6.	7.	8.	9.	10.
Basses-Pyrénées		»	1.	»	1.	2.			
Hautes-Pyrénées		19.	»	»	»	19.			
Gers		21.	1.	2.	1.	25.			
Arriège		11.	»	»	»	11.			
Haute-Garonne		40.	2.	1.	»	43.			
Tarn-et-Garonne		»	»	»	»	»			
Lot		32.	2.	»	1.	35.			
Corrèze		15.	»	1.	»	16.			
Landes		16.	»	»	1.	17.			
Gironde		17.	»	»	»	17.			
Lot-et-Garonne		23.	1.	»	»	24.			
Dordogne		6.	»	»	»	6.			
Charente		9.	»	»	»	9.			
Haute-Vienne		12.	»	1.	»	13.			
Creuze		6.	»	»	»	6.			
Tarn		8.	»	»	»	8.			
Aveyron		13.	»	1.	»	14.			
Cantal		11.	»	»	1.	12.			
Puy-de-Dôme		12.	1.	»	»	13.			
	Allier	14.	»	»	»	14.	31 déc. 1811.	20 janv. 1812.	
	TOTAUX	285.	8.	6.	5.	304.			

(1) Les départemens à inscrire dans la première colonne, doivent y être portés dans l'ordre où ils sont indiqués sur l'itinéraire transmis par le Directeur général de la conscription.

Le capitaine de recrutement, si son département n'est point tête de ligne, portera toujours, dans la première colonne de son état de départ, la totalité des départemens qui précèdent le sien, soit que ces départemens aient fourni ou non un convoi, soit que les convois fournis se trouvent être éventuels ou périodiques. Si l'un de ces départemens n'a point fourni de convoi, la 3e colonne portera des guillemets à l'article de ce département.

Le capitaine de recrutement, si son département est tête de ligne, n'aura point de départemens à porter dans la 1re colonne.

(2) Le département où le départ a lieu, doit être porté dans la 2e colonne, au-dessous du département qui sera inscrit le dernier dans la 1re colonne.

Certifié par moi, Capitaine de Recrutement du département d

A *le* 181

DÉPARTEMENT
d

CLASSE d

MODÈLE N° 54.
Art. 948 de l'Instruction générale.

ETAT RÉCAPITULATIF dressé au dernier jour du mois d 18 , de ceux des Réfractaires condamnés, appartenant au département, qui, ayant été mis en route, sont arrivés à leur destination.

INDICATION de la destination donnée aux Conscrits condamnés comme réfractaires.	NOMBRE des Conscrits condamnés comme réfractaires, arrivés à la même destination.	OBSERVATIONS.
TOTAL		

Certifié par moi, Capitaine de recrutement.

A *le* 181

BORDEREAU des pièces que les Conscrits réfractaires doivent produire pour obt leur radiation.

INDICATION DE CHACUN DES CAS DE *RADIATION.*	INDICATION DES PIÈCES A PRODUIRE.
1° Conscrits décédés avant la condamnation ;	1° Acte de décès en bonne et due forme ;
2° Conscrits présumés morts avant la condamnation, et dont l'absence a été constatée par jugement des tribunaux ;	2° Expédition du jugement constatant l'absence ;
3° Conscrits admis sous les drapeaux avant la condamnation ;	3° Certificat de présence délivré par le conseil d'administration du corps, et v le sous-inspecteur aux revues ;
4° Conscrits dont les suppléans ont été légalement admis avant la condamnation ;	4° Certificat de présence du suppléant, délivré et visé comme ci-dessus. Ext forme de l'acte de remplacement ;
5° Conscrits condamnés, tandis qu'ils étaient à l'hôpital, en route, mais incorporés depuis ;	5° Certificat de présence délivré et visé comme au n° 3 ;
6° Conscrits réformés par le conseil de recrutement avant la condamnation ;	6° Extrait, certifié par le préfet, des délibérations du conseil de recrutement prononcé la réforme ;
7° Conscrits ayant droit à l'exception ou à l'exemption, qui prouvent que leurs droits existaient avant leur condamnation ;	7° Pièces justificatives des droits à l'exception ou à l'exemption, spécifiées pour cas dans le bordereau, modèle n° 9. *(Ces pièces devront établir que les droits ex antérieurement à la condamnation.)*
8° Conscrits morts depuis la condamnation ;	8° Acte de décès en bonne et due forme. — Certificat constatant le rembour des frais de poursuite. En cas d'indigence absolue, ce certificat sera remplacé p attestation du préfet, indiquant la profession des père et mère du condamné, ain la quotité de leurs impositions et de celles du conscrit ;
9° Conscrits présumés morts depuis la condamnation, et dont l'absence a été constatée par jugement des tribunaux ;	9° Exemplaire du jugement constatant l'absence. — Pour la preuve du remb ment des frais de poursuites, certificat ou attestation du préfet, comme au n° 8 ;
10° Conscrits qui, depuis leur condamnation, se sont volontairement représentés pour rejoindre, ont rejoint, et ont au moins six mois de service ;	10° Certificat de présence au corps, délivré et visé comme au n° 3. Ce cer devra avoir au moins trois mois de date au jour où il sera présenté au préfet, signera, et indiquera le jour de la présentation. — Déclaration du préfet, portant réfractaire s'est présenté volontairement, tel jour, devant telle autorité. — Pour la p du remboursement des frais de poursuites, certificat ou attestation du préfet, c au n° 8 ;
11° Conscrits qui, s'étant volontairement représentés depuis leur condamnation, ont été réformés légalement ;	11° Les deux dernières pièces exigées pour le n° 10 ci-dessus. — Extrait, tifié par le préfet, des délibérations du conseil de recrutement qui a pronon réforme ;
12° Conscrits arrêtés et légalement réformés après leur condamnation, ayant payé la totalité de l'amende ;	12° Acte constatant la réforme. — Certificat du préfet, constatant le paiement totalité de l'amende ;
13° Conscrits incorporés depuis leur condamnation, et réformés des corps pour blessures ou infirmités provenant du service, quelque temps qu'ils aient passé sous les drapeaux, et soit qu'ils aient, ou non, acquitté l'amende ;	13° Congé de réforme constatant les blessures ou infirmités, et les causes d'où proviennent. — Pour la preuve du remboursement des frais de poursuites, certific attestation du préfet, comme au n° 8 ;
14° Conscrits incorporés depuis leur condamnation, congédiés ou licenciés pour ancienneté de service, soit qu'ils aient, ou non, acquitté l'amende.	14° Congé de réforme ou de licenciement constatant les motifs de la réforme o licenciement. — Pour la preuve du remboursement des frais de poursuites, certific attestation du préfet, comme au n° 8.

PARTEMENT

Modèle n° 56.
Art. 959 de l'Instruction générale.

ÉTAT nominatif des Conscrits condamnés comme Réfractaires, dont la radiation est proposée par le Préfet.

e TRIMESTRE DE 181

NUMÉRO lequel le Conscrit est porté contrôle général s Réfractaires, servant pour		CLASSE sur les contrôles généraux de laquelle le Conscrit a été porté.	NOM ET PRÉNOMS du CONSCRIT RÉFRACTAIRE.	DATE du jugement qui l'a condamné.	NUMÉRO indiquant parmi les cas prévus par l'art. 955 de l'Instruction générale, celui dans lequel se trouve le Conscrit.	INDICATION DES PIÈCES PRODUITES à l'appui de la demande en radiation.	DÉCISION du DIRECTEUR GÉNÉRAL.
a suite pelle.	le recouvrement de l'amende.						
.	2.	3.	4.	5.	6.	7.	8.

Certifié par moi Préfet. A *le* 181

Nota. Ce tableau doit contenir quatre cases de plus.

FORMULE de l'Arrêté à prendre par le Préfet pour effectuer la Radiati

NOUS PRÉFET, etc.

Vu la demande en radiation du contrôle des réfractaires, qui nous a été adressée le............... *(da*
pour N............ *(nom et prénoms)*, conscrit de l'an........... de la commune d..................
canton d.................... arrondissement d...................... porté sous le N°...... *(l'indique*
au contrôle général des réfractaires.

Vu les pièces produites à l'appui de cette demande, et desquelles il résulte que........................
...............................*(énoncer ici les motifs de la demande)* ;

Considérant que ces pièces le rangent dans le........ième des cas qui sont spécifiés article 955 de l'instruc
générale sur la conscription, et qui donnent lieu à radiation ;

Et qu'il a été en conséquence porté sur l'état de trimestre adressé le............ *(date)*, au directeur gén
de la conscription et des revues ;

Vu la décision prise le.......... *(date)*, par le directeur général et annotée par nous le......... *(dat*
sur le contrôle général des réfractaires,

Avons ARRÊTÉ et ARRÊTONS ce qui suit :

ART. 1.er Le nommé *(nom et prénoms)*, déclaré réfractaire par notre arrêté du................. *(date)*,
définitivement rayé.

2. Expédition du présent arrêté sera envoyée, etc.

DÉPARTEMENT

MODÈLE n° 57.

Art. 968 de l'Instruction générale.

FEUILLE individuelle d'un Conscrit dirigé sur la e *Compagnie de Pionniers, stationnée à*

NUMÉRO échu au conscrit au tirage de sa classe. 1.	NUMÉRO d'inscription au registre matricule de la compagnie de pionniers. 2.	NOM et PRÉNOMS du CONSCRIT. 3.	SON SIGNALEMENT. 4.	BRIGADE DE GENDARMERIE à laquelle LE CONSCRIT a été remis. 5.	DATE de la remise du CONSCRIT à cette brigade. 6.	OBSERVATIONS. 7.
		NOM. PRÉNOMS.	Fils de et de domiciliés à canton d départ. d né le à canton d départ. d domicilié à canton d départ. d taille cheveux sourcils yeux front nez bouche menton visage teint marques particulières profession			

Certifié la présente feuille par moi Capitaine de recrutement, à *le* 18

MUTATIONS.

BRIGADES DE GENDARMERIE auxquelles LE CONSCRIT a été successivement remis.	DATE de la remise DU CONSCRIT à chaque brigade.	INDICATION SI LE CONSCRIT 1° s'est évadé, 2° a été déposé à l'hôpital, 3° est décédé, 4° est arrivé à sa destination.	LIEU ET DATE DE CHAQUE MUTATION. LIEU.	DATE.	COLONNE OUVERTE POUR RECEVOIR LES CERTIFICATS CONSTATANT LA REMISE, 1° De la copie de cette feuille au maire et à la gendarme du lieu de l'évasion, *si le conscrit s'est évadé;* 2° Du conscrit, et de la copie de cette feuille à l'économ *si le conscrit a été déposé à l'hôpital;* 3° De l'acte de décès remis par le maire du lieu du déc *si le conscrit est décédé;* 4° Du conscrit à la compagnie de pionniers, *si le conscri arrive.*
8.	9.	10.	11.	12.	13.
Nota. *S'il arrive que les brigades auxquelles le conscrit sera successivement remis ne puissent pas être toutes désignées dans l'espace ci-dessus, celles qui n'auront pu y être inscrites seront portées au dos de cette feuille.*		Arrivé à la ° Compagnie de Pionniers le..........	....		Je soussigné, commandant de la ° compagnie d pionniers, certifie avoir reçu le conscrit dénommé dans l présente feuille individuelle. A le 18 . *Vu : le sous-inspecteur aux revues, ayant la police de la compagnie,*

ARTEMENT

MODÈLE N° 58.

Art. 975
de l'Instruction générale.

ÉTAT numérique de départ et d'incorporation des Conscrits envoyés aux Pionniers.

…SSES …quelles …iennent …onscrits …jétis à … dans …onniers.	NOMBRE DES CONSCRITS ASSUJÉTIS A SERVIR dans les pionniers,			NUMÉRO ET EMPLACEMENT des compagnies de pionniers auxquelles les conscrits mis en route ont été envoyés.	NOMBRE DES CONSCRITS					OBSERVATIONS.
	mis en route.	non encore mis en route.	TOTAL.		arrivés à leur destination.	décédés en route.	entrés aux hôpitaux en route.	évadés.	encore en route.	Les motifs pour lesquels le départ des conscrits portés dans la 3ᵉ colonne aura été suspendu, seront indiqués dans la colonne d'observations.
1.	2.	3.	4.	5.	6.	7.	8.	9.	10.	11.
…TAUX.										

Certifié par moi Capitaine de recrutement.

A *le* 181

Modèle n° 59.
Art. 979 de l'Instruction générale.

TARIF d'après lequel l'Indemnité de réforme doit être établie.

MONTANT des CONTRIBUTIONS servant de base à la fixation de l'indemnité.	FIXATION DE L'INDEMNITÉ			
	SIMPLE.	AVEC MOITIÉ en sus.	DOUBLE.	TRIPLE.
De 50f 01 à 99f 99c	Somme égale au montant des contributions.	Le montant des contributions et moitié en sus.	Le double du montant des contributions.	Le triple du montant des contributions.
de 100 » à 124. 99	100 f.	150 f.	200 f.	300 f.
de 125 » à 149. 99	150	225	300	450
de 150 » à 174. 99	200	300	400	600
de 175 » à 199. 99	250	375	500	750
de 200 » à 224. 99	300	450	600	900
de 225 » à 249. 99	350	525	700	1,050
de 250 » à 274. 99	400	600	800	1,200
de 275 » à 299. 99	450	675	900	1,350
de 300 » à 324. 99	500	750	1,000	1,500
de 325 » à 349. 99	550	825	1,100	1,500
de 350 » à 374. 99	600	900	1,200	1,500
de 375 » à 399. 99	650	975	1,300	1,500
de 400 » à 424. 99	700	1,050	1,400	1,500
de 425 » à 449. 99	750	1,125	1,500	1,500
de 450 » à 474. 99	800	1,200	1,500	1,500
de 475 » à 499. 99	850	1,275	1,500	1,500
de 500 » à 524. 99	900	1,350	1,500	1,500
de 525 » à 549. 99	950	1,425	1,500	1,500
de 550 » à 574. 99	1,000	1,500	1,500	1,500
de 575 » à 599. 99	1,050	1,500	1,500	1,500
de 600 » à 624. 99	1,100	1,500	1,500	1,500
de 625 » à 649. 99	1,150	1,500	1,500	1,500
de 650 » et au-delà	1,200	1,500	1,500	1,500

DÉPARTEMENT
d

MODÈLE nº 60 coté A.
Art. 991 de l'Instruction générale

ARRONDISSEMENT
d

COMMUNE
d

TABLEAU des conscrits réformés de 181 qui n'ont pas produit le relevée de leurs contributions, et sur la position desquels le Préfet a demandé des renseignemens.

NOMS ET PRÉNOMS des CONSCRITS RÉFORMÉS (a).	NOMS ET PRÉNOMS des PÈRES ET MÈRES (a).	MONTANT des contributions payées par les conscrits et leurs pères et mères.	RENSEIGNEMENS PARTICULIERS donnés par le Maire, sur la position et les facultés des Conscrits et de leurs pères et mères.

(a). Les Sous-préfets rempliront toujours les deux premières colonnes, avant d'envoyer le tableau aux Maires.

Je soussigné, Maire de la commune d , certifie l'exactitude des renseignemens portés dans la dernière colonne du tableau ci-dessus

Le 181

DEPARTEMENT
d

ARRONDISSEMENT
d

MODÈLE nº 60 côté B.
Art. 993 de l'Instruction générale.

TABLEAU des Conscrits réformés de 181 qui n'ont pas produit le relevé de leurs contributions, et sur la position desquels le Préfet a demandé des renseignemens.

NOMS ET PRÉNOMS des CONSCRITS RÉFORMÉS (a)	NOMS ET PRÉNOMS des PÈRES ET MÈRES (a).	DOMICILE des CONSCRITS et de leurs pères et mères (a).	MONTANT des CONTRIBUTIONS DIRECTES, payées tant par les conscrits que par leurs pères et mères,		OBSERVATIONS.
			dans la commune de leur domicile.	dans d'autres communes de l'arrondissement.	
					(a). Les Sous-préfets rempliront les trois premières colonnes, avant d'envoyer le tableau aux contrôleurs.

Je soussigné, Contrôleur de l'arrondissement d , certifie l'exactitude des renseignemens portés dans les quatrième et cinquième colonnes du tableau ci-dessus.

A *le* 181

DÉPARTEMENT MODÈLE n° 61 coté A.
Art. 999 de l'Instruction générale.

SOMMES DUES POUR INDEMNITÉ DE RÉFORME.

LEVÉE ordonnée par le Décret du 181

RÔLE ordinaire des sommes dues pour Indemnités de réforme, établi pour la Levée de la classe de 181

ÉMARGEMENS ou ANNOTATIONS des Recettes.	CLASSES de conscription auxquelles les conscrits réformés appartiennent à raison de leur âge.	NUMÉROS du tirage.	NOMS, PRÉNOMS, ET DEMEURES des Conscrits réformés, et de leurs pères et mères.	MONTANT des contributions qui ont servi de base à la fixation de l'indemnité.	FIXATION DE L'INDEMNITÉ				OBSERVATIONS.
					Simple.	avec moitié en sus.	Double.	Triple.	
1.	2.	3.	4.	5.	6.	7.	8.	9.	10.
			ARRONDISSEMENT d *Conscrits des classes antérieures.*						(1) Indiquer les noms et prénoms du conscrit, et de ses père et mère.
			ART. Le Sr (1) et le Sr (1) et dame (1) ses père et mère, demeurant à paieront la somme de Ci....						Les décisions du Directeur général, prononçant réduction ou décharge de taxe, seront annotées dans la 10e colonne, tant par le préfet que par les receveurs. Lorsqu'il aura été perçu une somme plus forte que celle à laquelle la taxe d'un conscrit aura été réduite, le receveur énoncera qu'il a donné, par une note, avis au préfet de l'excédant de recette. Le préfet fera annoter cet excédant sur le rôle déposé à la préfecture, ainsi que la restitution, lorsqu'elle aura été effectuée.
			ART. Le Sr et le Sr et dame ses père et mère, demeurant à paieront la somme de Ci....						

ÉMARGEMENS ou ANNOTATIONS des Recettes.	CLASSES de conscription auxquelles les conscrits réformés appartiennent à raison de leur âge.	NUMÉROS du tirage.	NOMS, PRÉNOMS, ET DEMEURES des Conscrits réformés, et de leurs pères et mères.	MONTANT des contributions qui ont servi de base à la fixation de l'indemnité.	FIXATION DE L'INDEMNITÉ				OBSERVATIONS.
					Simple.	avec moitié en sus.	Double.	Triple.	
1.	2.	3.	4.	5.	6.	7.	8.	9.	10.
			Conscrits appartenant à la classe désignée au titre du présent rôle.						
			ART. Le Sr et le Sr et dame ses père et mère, demeurant à paieront la somme de Ci....						
			ART. Le Sr et le Sr et dame ses père et mère, demeurant à paieront la somme de Ci....						
			ART. Le Sr et le Sr et dame ses père et mère, demeurant à paieront la somme de Ci....						

ÉMARGEMENS ou ANNOTATIONS des Recettes.	CLASSES de conscription auxquelles les conscrits réformés appartiennent à raison de leur âge.	NUMÉROS du tirage.	NOMS, PRÉNOMS, ET DEMEURES des Conscrits réformés, et de leurs pères et mères.	MONTANT des contributions qui ont servi de base à la fixation de l'indemnité.	FIXATION DE L'INDEMNITÉ Simple.	avec moitié en sus.	Double.	Triple.	OBSERVATIONS.
1.	2.	3.	4.	5.	6.	7.	8.	9.	10.
			ARRONDISSEMENT d.						
			Conscrits des classes antérieures.						
			ART. Le Sr et le Sr et dame ses père et mère, demeurant à paieront la somme de Ci....						
			Conscrits appartenant à la classe désignée au titre du présent rôle.						
			ART. Le Sr et le Sr et dame ses père et mère, demeurant à paieront la somme de Ci....						
			ART. Le Sr et le Sr et dame ses père et mère, demeurant à paieront la somme de Ci....						

ÉMARGEMENS ou ANNOTATIONS des Recettes.	CLASSES de conscription auxquelles les conscrits réformés appartiennent à raison de leur âge.	NUMÉROS du tirage.	NOMS, PRÉNOMS, ET DEMEURES des Conscrits réformés, et de leurs pères et mères.	MONTANT des contributions qui ont servi de base à la fixation de l'indemnité.	FIXATION DE L'INDEMNITÉ				OBSERVATIONS.
					Simple.	avec moitié en sus.	Double.	Triple.	
1.	2.	3.	4.	5.	6.	7.	8.	9.	10.
			Art. Le S^r^ et le S^r^ et dame ses père et mère, demeurant à paieront la somme de Ci....						
			Arrondissement d						
			Conscrits des classes antérieures.						
			Art. Le S^r^ et S^r^ et dame ses père et mère, demeurant à paieront la somme de Ci....						
			Conscrits appartenant à la classe désignée au titre du présent rôle.						
			Art. Le S^r^ et le S^r^ et dame ses père et mère, demeurant à paieront la somme de Ci....						

Récapitulation du montant des sommes dues pour Indemnité de réforme par Arrondissement.

ARRONDISSEMENT de		ARRONDISSEMENT de		ARRONDISSEMENT de		ARRONDISSEMENT de		ARRONDISSEMENT de	
NUMÉROS des pages.	MONTANT des sommes dues pour indemnités.	NUMÉROS des pages.	MONTANT des sommes dues pour indemnités.	NUMÉROS des pages.	MONTANT des sommes dues pour indemnités.	NUMÉROS des pages.	MONTANT des sommes dues pour indemnités.	NUMÉROS des pages.	MONTANT des sommes dues pour indemnités.
TOTAL.		TOTAL.		TOTAL.		TOTAL.		TOTAL.	

Relevé des Totaux par Arrondissement.

	fr.	c.
Arrondissement d	»	»
	»	»
	»	»
	»	»
	»	»
TOTAL GÉNÉRAL....................	»	»

Nous, Préfet du département d avons arrêté et arrêtons à la somme totale de le présent rôle ordinaire des sommes dues pour indemnités de réforme par les conscrits qui y sont dénommés, et par leurs pères et mères, pour que le recouvrement en soit fait par les receveurs particuliers d'arrondissement, comme celui des contributions publiques et par les mêmes voies, et que le montant en soit versé entre les mains du receveur général.

Enjoignons aux conscrits et à leurs pères et mères désignés dans chaque article, comme conjointement et solidairement assujettis au paiement de l'indemnité, d'acquitter les sommes contenues au présent rôle, dans le délai de six mois, à dater du dernier, jour de la clôture des séances du conseil de recrutement, réuni en session ordinaire pour la classe de 181

Fait et arrêté à le du mois d mil huit cent

Le Préfet du département d

Par le Préfet :

Le Secrétaire général,

DEPARTEMENT MODÈLE n° 61 coté B

d Art. 999 de l'Instruction géné

SOMMES DUES POUR INDEMNITÉ DE RÉFORME.

LEVÉE ordonnée par le Décret du 181

RÔLE extraordinaire, ou Rôle des Taxes d'office, établi pour la Levée de la classe de 181

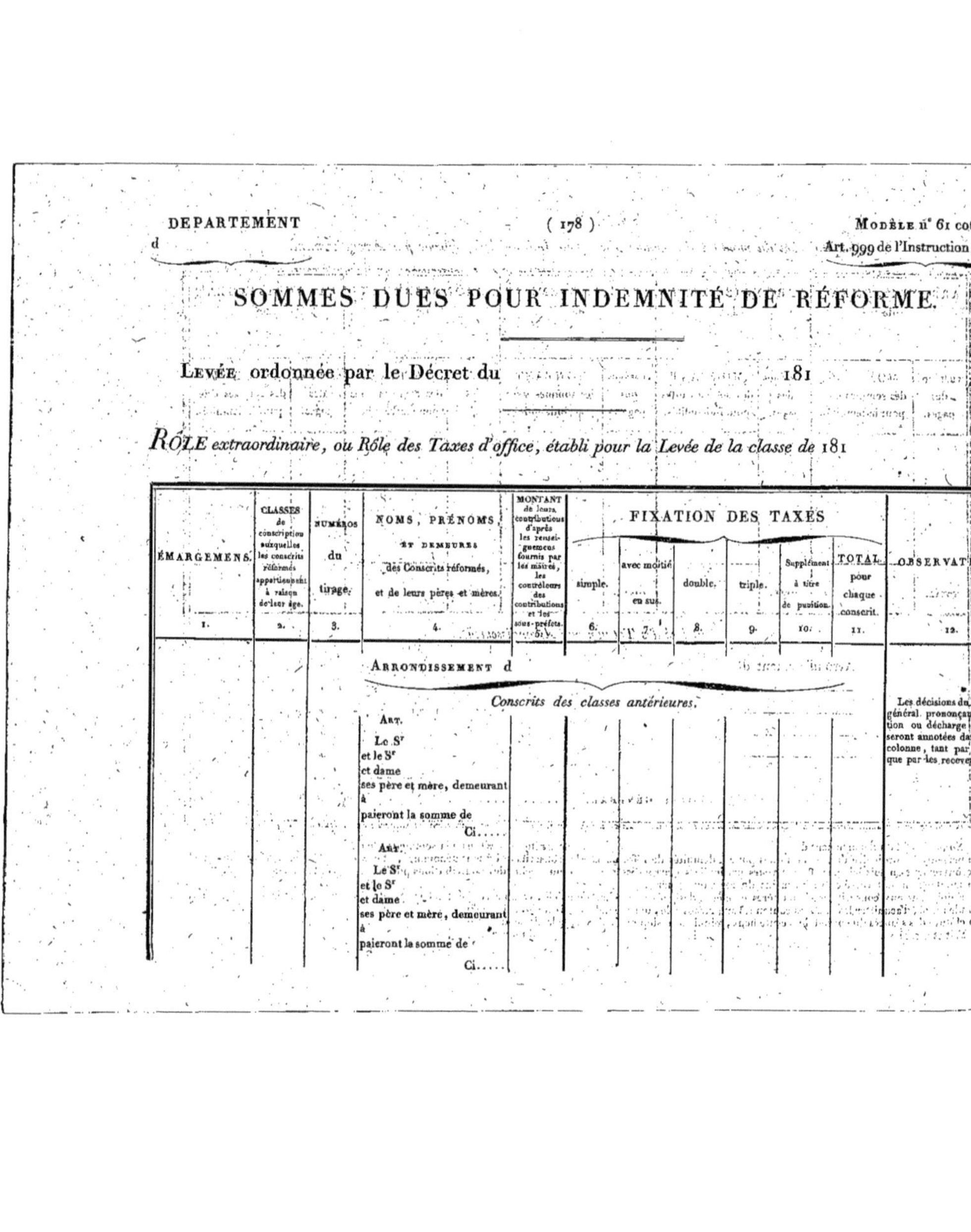

ÉMARGEMENS.	CLASSES de conscription auxquelles les conscrits réformés appartiennent à raison de leur âge.	NUMÉROS du tirage.	NOMS, PRÉNOMS ET DEMEURES des Conscrits réformés, et de leurs pères et mères.	MONTANT de leurs contributions d'après les renseignemens fournis par les maires, les contrôleurs des contributions et les sous-préfets.	FIXATION DES TAXES simple.	avec moitié en sus.	double.	triple.	Supplément à titre de punition.	TOTAL pour chaque conscrit.	OBSERVATIONS
1.	2.	3.	4.	5.	6.	7.	8.	9.	10.	11.	12.
			ARRONDISSEMENT d								
			Conscrits des classes antérieures.								Les décisions du Directeur général prononçant réduction ou décharge de taxe seront annotées dans la colonne, tant par le pré que par les receveurs.
			ART. Le Sr et le Sr et dame ses père et mère, demeurant à paieront la somme de Ci.....								
			ART. Le Sr et le Sr et dame ses père et mère, demeurant à paieront la somme de Ci.....								

MARGEMENS.	CLASSES de conscription auxquelles les conscrits réformés appartiennent à raison de leur âge.	NUMÉROS du tirage.	NOMS, PRÉNOMS, ET DEMEURES des Conscrits réformés, et de leurs pères et mères.	MONTANT de leurs contributions d'après les renseignemens fournis par les maires, les contrôleurs des contributions et les sous-préfets.	FIXATION DES TAXES simple.	avec moitié en sus.	double.	triple.	Supplément à titre de punition.	TOTAL pour chaque conscrit.	OBSERVATIONS.
1.	2.	3.	4.	5.	6.	7.	8.	9.	10.	11.	12.
			Conscrits appartenant à la classe désignée au titre du présent rôle.								
			Art. Le Sr et le Sr et dame ses père et mère, demeurant à paieront le somme de Ci....								
			Art. Le Sr et le Sr et dame ses père et mère, demeurant à paieront la somme de Ci....								
			Art. Le Sr et le Sr et dame ses père et mère, demeurant à paieront la somme de Ci....								

ÉMARGEMENS.	CLASSES de conscription auxquelles les conscrits réformés appartiennent à raison de leur âge.	NUMÉROS du tirage.	NOMS, PRÉNOMS, ET DEMEURES des Conscrits réformés, et de leurs pères et mères.	MONTANT de leurs contributions d'après les renseignemens fournis par les maires, les contrôleurs des contributions et les sous-préfets.	FIXATION DES TAXES						OBSERVATIONS.
					simple.	avec moitié en sus.	double.	triple.	Supplément à titre de punition.	TOTAL pour chaque conscrit.	
1.	2.	3.	4.	5.	6.	7.	8	9.	10.	11.	12.
			ARRONDISSEMENT d								
			Conscrits des classes antérieures.								
			ART. Le Sr et le Sr et dame ses père et mère, demeurant à paieront la somme de Ci.....								
			Conscrits appartenant à la classe désignée au titre du présent rôle.								
			ART. Le Sr et le Sr et dame ses père et mère, demeurant à paieront la somme de Ci.....								
			ART. Le Sr et le Sr et dame ses père et mère, demeurant à paieront la somme de Ci.....								

ÉMARGEMENS.	CLASSES de conscription auxquelles les conscrits réformés appartiennent à raison de leur âge.	NUMÉROS du tirage.	NOMS, PRÉNOMS, ET DEMEURES des Conscrits réformés, et de leurs pères et mères.	MONTANT de leurs contributions d'après les renseignemens fournis par les maires, les contrôleurs des contributions et les sous-préfets.	FIXATION DES TAXES simple.	avec moitié en sus.	double.	triple.	Supplément à titre de punition.	TOTAL pour chaque conscrit.	OBSERVATIONS.
1.	2.	3.	4.	5.	6.	7.	8.	9.	10.	11.	12.
			ART. Le Sr et le Sr et dame ses père et mère, demeurant à paieront la somme de Ci.....								
			ARRONDISSEMENT d								
			Conscrits des classes antérieures.								
			ART. Le Sr et le Sr et dame ses père et mère, demeurant à paieront la somme de Ci.....								
			Conscrits appartenant à la classe désignée au titre du présent rôle.								
			ART. Le Sr et le Sr et dame ses père et mère, demeurant à paieront la somme de Ci.....								

Récapitulation du montant des Taxes par Arrondissement.

ARRONDISSEMENT de		ARRONDISSEMENT de		ARRONDISSEMENT de		ARRONDISSEMENT de		ARRONDISSEMENT de	
NUMÉROS des pages.	MONTANT des Taxes.	NUMÉROS des pages.	MONTANT des Taxes.	NUMÉROS des pages.	MONTANT des Taxes.	NUMÉROS des pages.	MONTANT des Taxes.	NUMÉROS des pages.	MONTANT des Taxes.
TOTAL.		TOTAL.		TOTAL.		TOTAL.		TOTAL.	

Relevé des Totaux par Arrondissement.

	fr.	c.
Arrondissement d	»	»
	»	»
	»	»
	»	»
	»	»
TOTAL GÉNÉRAL....................	»	»

Nous, Préfet du département d avons arrêté et arrêtons à la somme totale de le présent rôle des taxes imposées d'office aux conscrits réformés qui y sont dénommés, et à leurs pères et mères, pour que le recouvrement en soit fait par les receveurs particuliers d'arrondissement, comme celui des contributions publiques et par les mêmes voies, et que le montant en soit versé entre les mains du receveur général.

Enjoignons aux conscrits et à leurs pères et mères désignés dans chaque article, comme conjointement et solidairement assujettis au paiement de l'indemnité, d'acquitter les sommes contenues au présent rôle, dans le délai de six mois, à dater du dernier, jour de la clôture des séances du conseil de recrutement, en session ordinaire pour la classe de 181

Fait et arrêté à le du mois d mil huit cent

Le Préfet du département d

Par le Préfet :
Le Secrétaire général,

DÉPARTEMENT
d

ARRONDISSEMENT
d

MODÈLE n° 62.
Art. 1006 de l'Instruction générale.

SOMMES DUES POUR INDEMNITÉ DE RÉFORME.

ÉTAT des Conscrits de l'arrondissement d qui ont été compris sur les rôles des sommes dues pour Indemnité de réforme, établis pour la classe de 181

NOMS ET PRÉNOMS des CONSCRITS RÉFORMÉS.	CLASSE de conscription.	CANTON.	NUMÉROS du tirage.	NOMS ET PRÉNOMS des PÈRES ET MÈRES.	MONTANT DES INDEMNITÉS FIXÉES d'après les impositions déclarées par les redevables.	MONTANT DES INDEMNITÉS FIXÉES d'office, faute par les redevables d'avoir justifié de leurs contributions.
1.	2.	3.	4.	5.	6.	7.

DÉPARTEMENT (184) MODÈLE n°. 63 coté A.
d Art. 1007 de l'Instruction générale.

SOMMES DUES POUR INDEMNITÉ DE RÉFORME.

Levée ordonnée par le Décret du 181

ÉTAT SOMMAIRE de sommes dues pour Indemnités, par les Conscrits réformés, qui sont compris sur le rôle ordinaire établi pour la levée de la classe de 181 et rendu exécutoire le 181

CONSCRITS RÉFORMÉS qui sont compris sur le rôle ordinaire:		MONTANT, PAR CLASSE, DES TAXES.				TOTAL DES TAXES par classe.	OBSERVATIONS.
CLASSE. 1.	NOMBRE. 2.	simples. 3.	avec moitié en sus. 4.	doubles. 5.	triples. 6.	7.	8.
	TOTAUX.....						

CERTIFIÉ véritable, à le 181

Le Préfet,

DÉPARTEMENT

MODÈLE n° 63 coté B.
Art. 1007 de l'Instruction générale.

SOMMES DUES POUR INDEMNITÉS DE RÉFORME.

Levée ordonnée par le Décret du 181

ÉTAT NOMINATIF des Conscrits réformés qui, n'ayant pas fourni le relevé de leurs contributions et de celles de leurs pères et mères, ont été compris sur le rôle des Taxes d'office, établi pour la levée de la classe de 181 et rendu exécutoire le

Nos d'ordre.	NOMS ET PRÉNOMS des CONSCRITS RÉFORMÉS.	CLASSES de conscription auxquelles appartiennent les Conscrits réformés.	CANTON.	NUMÉRO du tirage.	MONTANT de leurs contributions, d'après les renseignemens fournis par les Maires, les Contrôleurs des contributions et les Sous-préfets.	FIXATION DES TAXES simples.	avec moitié en sus.	doubles.	triples.	supplémentaires à titre de punition.	TOTAL.	OBSERVATIONS.
1.	2.	3. (*)	4.	5.	6.	7.	8.	9.	10.	11.	12.	13.
												(*) On portera en tête de ce tableau, tous les conscrits des classes antérieures.
	TOTAUX.											

Certifié véritable, à *le* 181

Le Préfet,

DÉPARTEMENT
d

ARRONDISSEMENT
d

COMMUNE
d

Modèle n° 64, coté A.
Art. 1011 de l'Instruction générale.

LE MAIRE de la commune d
a M. (1)

Je vous préviens, Monsieur, que l'indemnité due pour (2)
a été fixée à la somme de

Le paiement de cette somme est exigible dans le délai de six mois, et à raison d'un sixième par mois, à partir du dernier. Le montant doit en être versé dans la caisse du Receveur des contributions à

Je vous salue.

(1) Cette lettre sera adressée au père, s'il existe; à la mère, si elle est veuve; au conscrit lui-même, s'il jouit de ses droits; enfin, à son tuteur ou curateur, s'il y a lieu.

(2) *La réforme de votre fils* (si c'est au père ou à la mère que la lettre est adressée), ou *votre réformé* (si c'est au conscrit), ou *la réforme de votre pupille* (si c'est au tuteur ou curateur).

Nota. Les réclamations ne peuvent être admises que pendant un mois, à partir de la date du présent avis.

Toute réclamation qui serait présentée au maire après ce délai, ou qui ne serait pas appuyée de pièces justificatives, serait rejetée sans examen.

d

Art. 1012 de l'Instruction générale.

(1) Cette lettre sera adressée au père, s'il existe; à la mère, si elle est veuve; au conscrit lui-même, s'il jouit de ses droits; enfin, à son tuteur ou curateur, s'il y a lieu.

(2) *Votre fils a été taxé* (si c'est au père ou à la mère que la lettre est adressée), ou *vous avez été taxé* (si c'est au conscrit) ou *votre pupille a été taxé* (si c'est au tuteur ou curateur).

AVERTISSEMENT.

LE RECEVEUR PARTICULIER des Contributions de l'arrondissement d

A M. (1)

Vous avez dû être prévenu, Monsieur, par le Maire de votre commune, que le montant de l'indemnité de réforme à laquelle (2) est exigible dans le délai de six mois, et à raison d'un sixième par mois, à partir du dernier.

Je vous invite à faire verser, sans délai, dans ma caisse, la somme de pour le paiement d sixième échu le . Je vous préviens qu'à défaut de paiement, je serais forcé de vous faire poursuivre par les voies de saisie et vente de meubles et effets, conformément à la loi.

J'ai etc.

DÉPARTEMENT

Modèle n° 63, tome II.

Art. 101 de l'Instruction générale.

AVERTISSEMENT.

Le Receveur particulier des Contributions de l'arrondissement d

A M (1)

Vous avez dû être prévenu, Monsieur, par le Maire de votre commune, que le montant de l'indemnité de réforme à laquelle (a) est exigible dans le délai de six mois, et à raison d'un sixième par mois, à partir du dernier.

Je vous invite à faire verser, sans délai, dans ma caisse, la somme de pour le paiement d sixième échu le . Je vous préviens qu'à défaut de paiement, je serais forcé de vous faire poursuivre par les voies de saisie et vente de meubles et effets, conformément à la loi.

J'ai etc.

(1) [illegible]

(a) [illegible]

PARTEMENT

Modèle n° 65.
Art. 1021 de l'Instruction générale.

SOMMES DUES
POUR
INDEMNITÉ DE RÉFORME.

Levée ordonnée par le décret du 181

SITUATION sommaire des Recouvremens effectués jusqu'au dernier jour du mois d 18 , sur le montant des Rôles établis pour la Levée de la classe de 181 .

INDICATION de l'espèce des rôles.	SOMMES A RECOUVRER. Montant des rôles et arrêtés exécutoires, (1) précédemment adressés aux Receveurs.	à eux parvenus depuis leurs précédentes situations.	TOTAL.	Sommes à déduire pour décharges, réductions, et non valeurs, prononcées par le Directeur général de la conscription, (1) portées sur les précédentes situations des Receveurs.	dont les Receveurs ont reçu la notification depuis l'envoi de leurs précédentes situations.	TOTAL.	Sommes restant sur les rôles, déduction faite des réductions, décharges et non valeurs prononcées par le Directeur général.	RECOUVREMENS. Recettes portées sur le montant des sommes antérieures, (2) pendant les mois antérieurs.	pendant le mois.	TOTAL.	Reste à recouvrer sur le montant des sommes antérieures.	Sommes qui, par l'effet des réductions et décharges définitives, ont été perçues de trop, et doivent être restituées par le trésor impérial.	Restitutions effectuées en vertu des ordonnances du Ministre du Trésor impérial, sur les sommes perçues de trop (1) pendant les mois antérieurs.	pendant le mois.	TOTAL.	Restitutions non encore effectuées sur les sommes perçues de trop.	OBSERVATIONS.
1.	2.	3.	4.	5.	6.	7.	8.	9.	10.	11. (2)	12.	13. (3)	14.	15.	16.	17.	18.
Rôle ordinaire..................																	
Rôle extraordinaire ou des taxes d'office (1).....................																	
Totaux..........																	

(1) Les changemens qui surviennent de mois en mois, rendent nécessaire l'ouverture de trois colonnes sous chacun des titres marqués du chiffre 1.

(2) Le montant des recouvremens effectués sur les sommes antérieures (11e colonne, et le montant des sommes perçues de trop (13e colonne), composeront la totalité des recettes faites par les receveurs.

(3) Le montant des extraits d'arrêtés remis aux receveurs, en exécution de l'article 1004 de l'Instruction générale, sera compris avec le montant du rôle des taxes d'office.

Dans le cas où des conscrits réformés se seraient libérés de tout ou partie de leur indemnité par une quittance d'amende, en vertu de l'art. 874 de l'Instruction, il devra en être fait mention dans la colonne d'observations de la manière suivante :

« Dans la somme de   qui forme le « total des recettes, est comprise celle de « payée en quittance d'amendes par des « conscrits réfractaires, qui ont été réformés « après s'être représentés volontairement. »

CERTIFIÉ par le Préfet

A   le   181

26.

DÉPARTEMENT
d

MODÈLE n° 66, coté A.
Art. 1026 de l'Instruction générale.

SOMMES DUES
POUR
INDEMNITÉ DE RÉFORME.

Levée ordonnée par le décret du 181

ETAT dès Demandes en dégrèvement d'indemnité, qui ont été présentés par des Conscrits compris sur le rôle ordinaire établi pour la levée de la classe de 181

Nota. Cet État devra être adressé en double expédition: l'une restera dans les bureaux de la direction; et l'autre sera renvoyée au Préfet, avec la mention des décisions du Directeur général.

NUMÉROS d'ordre des réclamations. 1.	NUMÉROS du rôle ordinaire des indemnités. 2.	NOMS et PRÉNOMS des CONSCRITS RÉFORMÉS. 3.	CLASSE de CONSCRIPTION. 4.	CANTONS. 5.	NUMÉROS du TIRAGE. 6.	PROFESSION et DOMICILE des Conscrits réformés, et de leurs Pères ou Mères. 7.	MONT[…] des [illegible] qui [illegible] à fixer l'indemnité 8.	In[…]	MOTIFS sur lesquels les [ré]clamations sont appuyées. 10.	OBSERVATIONS et AVIS DU PRÉFET. 11.	PROPOSITIONS du BUREAU. 12. (1)	DÉCISIONS du DIRECTEUR GÉNÉRAL. 13.	OBSERVATIONS. 14.
													(1) La douzième colonne, qui est destinée à recevoir le résultat de la vérification à faire dans les bureaux de la Direction générale, devra rester entièrement libre. (2) L'arrêté du Préfet ne devra jamais dépasser la 11e colonne.

Fait et arrêté *le* 181 (2)

Le Préfet.

Indication des Pièces à produire à l'appui des Demandes en dégrèvement d'indemnité.

La présence de chacun des enfans sous les drapeaux, devra être prouvée par des certificats des conseils d'administration.

Le nombre et l'existence actuelle des enfans, dont les père et mère d'un individu réformé sont chargés, seront constatés par un certificat du maire.

La circonstance extraordinaire ou inopinée qui aura privé la famille d'une partie de ses biens, ou de ses revenus, ou de ses récoltes, sera également constatée par certificat des autorités locales, ou par d'autres actes authentiques.

PARTEMENT

MODÈLE n° 66, coté C.
Art. 1021 de l'Instruction générale.

SOMMES DUES
POUR
INDEMNITÉ DE RÉFORME.

Levée ordonnée par le décret du 181

ÉTAT des Demandes en rectification de taxes présentées par des Conscrits qui sont compris sur le rôle ordinaire établi pour la Levée de la classe de 181

Nota. Cet Etat devra être adressé en double expédition : l'une restera dans les bureaux de la Direction ; et l'autre sera renvoyée au Préfet, avec la mention des décisions du Directeur général

NUMÉROS d'ordre des réclamations.	NUMÉROS du rôle ordinaire des indemnités.	NOMS ET PRÉNOMS des CONSCRITS RÉFORMÉS.	CLASSE de conscription.	CANTONS.	NUMÉRO du tirage.	PROFESSION ET DOMICILE des CONSCRITS RÉFORMÉS et de leurs Pères et Mères.	MONTANT des contributions qui ont servi à fixer l'indemnité.	MONTANT de l'indemnité.	MOTIFS sur lesquels les réclamations sont appuyées.	OBSERVATIONS et AVIS DU PRÉFET.	PROPOSITIONS du BUREAU.	DÉCISIONS du DIRECTEUR GÉNÉRAL.	OBSERVATIONS.
1.	2.	3.	4.	5.	6.	7.	8.	9.	10.	11.	12. (1)	13.	14.
													(1) La 12e colonne, qui est destinée à recevoir le résultat de la vérification à faire dans les bureaux de la Direction générale, devra rester entièrement libre. (2) L'arrêté du Préfet ne devra jamais dépasser la 11e colonne.

Fait et arrêté à *le* 181 (2)

Le Préfet,

INDICATION des Pièces à produire à l'appui des demandes en rectification de Taxes.

1° *Pour les ventes, cessions ou partages, antérieurs à l'ouverture de la session ordinaire du conseil de recrutement, de biens dont les impositions ont servi à la fixation de l'indemnité*, le réclamant devra produire les actes qui prouvent ces faits, ou au moins des extraits authentiques, et justifier, par un certificat régulier, que les impositions des biens cédés, vendus ou partagés, sont comprises dans les bases de l'indemnité.

2° *Pour les biens restés indivis après le décès des père et mère, arrivé avant l'ouverture des séances ordinaires*, on exigera les actes de décès, la production du testament, s'il en existe, ou un certificat des autorités locales, constatant qu'il n'en a point été fait; enfin, un procès-verbal du contrôleur, établissant les contributions qui doivent être supportées par le conscrit pour la portion de biens à laquelle il a droit.

3° *Pour les erreurs commises dans le relevé primitif*, il devra être produit un nouveau relevé, certifié, comme le premier, par le maire et par le contrôleur.

4° *Pour les erreurs commises dans la fixation de l'indemnité*, les réclamations devront être appuyées seulement du relevé des contributions.

On indiquera, dans ces deux derniers cas, comment l'erreur a été commise.

5° *Pour les erreurs qui proviennent, soit d'une confusion de noms, soit d'un double emploi des mêmes conscrits, soit enfin de ce qu'on aurait considéré comme réformés, des individus qui ne l'auraient pas été*, il sera produit des certificats délivrés par les autorités locales, constatant l'erreur.

97.

DÉPARTEMENT
d

Modèle n° 66, coté B.
Art. 1026 de l'Instruction générale.

SOMMES DUES
POUR
INDEMNITÉ DE RÉFORME.

Levée ordonnée par le décret du 181

ÉTAT des Demandes en décharge ou en réduction de taxes d'office, qui ont été présentées par des Conscrits compris sur le rôle extraordinaire établi pour la levée de la classe de 181

Nota. Cet État devra être adressé en double expédition: l'une restera dans les bureaux de la direction; et l'autre sera renvoyée au Préfet, avec la mention des décisions du Directeur général.

NUMÉROS d'ordre des réclamations.	NUMÉROS du rôle des taxes d'office.	NOMS ET PRÉNOMS des CONSCRITS RÉFORMÉS.	CLASSE de conscription.	CANTONS.	NUMÉRO du tirage.	PROFESSION ET DOMICILE des Conscrits réformés et de leurs Pères et Mères.	RÉSUMÉ DES RENSEIGNEMENTS d'après lesquels la taxe d'office a été établie.	MONTANT des contributions qui ont servi à fixer la taxe d'office.	[illegible]	MONTANT des contributions d'après ... au rôle ... réclamans.	OBSERVATIONS et AVIS DU PRÉFET sur les réclamations d'après les derniers renseignemens fournis.	PROPOSITIONS du BUREAU.	DÉCISIONS du DIRECTEUR GÉNÉRAL.	OBSERVATIONS.
1.	2.	3.	4.	5.	6.	7.	8.	9.	[illegible]	11.	12.	13. (1)	14.	15.
														(1) La 13e colonne, qui est destinée à recevoir le résultat de la vérification à faire dans les bureaux de la Direction générale, devra rester entièrement libre.
														(2) L'arrêté du Préfet ne devra jamais dépasser la 12e colonne.

Fait et arrêté à *le* 181 (2)

Le Préfet,

ARTEMENT

Modèle n° 66, coté D.
Art. 1039 de l'Instruction générale.

SOMMES DUES
POUR
INDEMNITÉ DE RÉFORME.

Levée ordonnée par le décret du 181

ÉTAT des Conscrits qui, ayant été compris sur les rôles établis pour la Levée de la classe de 181 , *ont été depuis reconnus insolvables.*

Nota. Cet Etat devra être adressé en double expédition : l'une restera dans les bureaux de la Direction; et l'autre sera renvoyée au Préfet, avec la mention des décisions du Directeur général.

NUMÉRO d'ordre des réclamations.	NUMÉROS du rôle ordinaire des domaines.	NUMÉROS du rôle des taxes d'office.	NOMS ET PRÉNOMS des CONSCRITS RÉFORMÉS.	CLASSE de conscription.	CANTONS.	NUMÉRO de tirage.	MONTANT des contributions qui ont servi à fixer l'indemnité.	MONTANT de l'indemnité.	RÉSUMÉ CERTIFICAT du MAIRE.	RÉSUMÉ CERTIFICAT du CONTRÔLEUR des contributions.	RÉSUMÉ AVIS du DIRECTEUR.	OBSERVATIONS et AVIS DU PRÉFET.	PROPOSITIONS du BUREAU. (1)	DÉCISIONS du DIRECTEUR GÉNÉRAL.	OBSERVATIONS.
1.	2.	3.	4.	5.	6.	7.	8.	9.	10.	11.	12.	13.	14.	15.	16.
															(1) La 14e colonne, qui est destinée à recevoir le résultat de la vérification à faire dans les bureaux de la Direction générale, devra rester entièrement libre.

Fait et arrêté à *le* 181 (2)

Le Préfet,

(2) L'arrêté du Préfet ne devra jamais dépasser la 13e colonne.

28.

DEPARTEMENT MODÈLE n° 67.

d Art. 1057 de l'Instruction générale.

INDEMNITÉ DE REMPLACEMENT.

CLASSE de 181

ÉTAT des sommes de 100 francs versées par les Conscrits qui ont fourni des Suppléans.

NOMBRE de CONSCRITS qui ont fourni des Suppléans.	QUOTITÉ DES SOMMES VERSÉES pendant les exercices		DATES DES ENVOIS des récépissés à S. Ex. le Ministre du Trésor impérial.	OBSERVATIONS.
	181	181		
1.	2.	3.	4.	5.

Certifié a le 18

Le préfet,

d

Art. 1062 de l'Instruction générale.

INDEMNITÉ DE REMPLACEMENT.

ÉTAT des Demandes en Restitution de sommes de 100 fr. versées par des Conscrits de la Classe de 181 dont le remplacement n'a pas été effectué ou a été annullé.

NUMÉROS D'ORDRE.	NOMS ET PRÉNOMS DES CONSCRITS pour le remplacement desquels les sommes de 100 francs ont été versées.	CANTONS.	NUMÉROS DU TIRAGE.	DATES des VERSEMENS.	MOTIFS sur lesquels LA DEMANDE en remboursement est fondée.	OBSERVATIONS et AVIS DU PRÉFET.	PROPOSITIONS du BUREAU.	DÉCISIONS du DIRECTEUR GÉNÉRAL.	OBSERVATIONS.
1.	2.	3.	4.	5.	6.	7.	8. (1)	9.	10.
									(1) La 8e colonne, qui est destinée à recevoir le résultat de la vérification à faire dans les bureaux de la direction générale, devra rester entièrement libre.
									(2) L'arrêté du préfet ne devra jamais dépasser la 7e colonne.

Fait et arrêté à 181 (2)

Le Préfet,

MODÈLE n° 69.

Art. 1084
de l'Instruction générale.

EXTRAIT.

1° *POUR LES RÉFRACTAIRES.*

PAR jugement rendu le par le tribunal d le nommé (1) de la commune d canton d arrondissement d appartenant à la classe d a été condamné comme réfractaire ainsi, que le nommé (1) son père, domicilié à canton d arrondissement d et la nommée (1) sa mère, domiciliée avec son mari, ou à (2) canton d arrondissement d comme civilement responsables, à l'amende de (3)

(1) les nom et prénoms.

(2) Si la mère seule est vivante.

(3) La somme en toutes lettres.

Pour EXTRAIT conforme délivré le

Le Greffier du Tribunal,

2° *POUR LES FAUTEURS ou COMPLICES en matière de conscription ou de Désertion.*

PAR jugement rendu le par le tribunal d le nommé (1) commune d canton d arrondissement d a été condamné (2) à l'amende de (3) et à une détention de (4) pour (5)

(1) Les nom et prénoms.

(2) Indiquer si c'est par contumace ou contradictoirement.

(3) La somme en toutes lettres.

(4) Durée de la détention.

(5) Indication sommaire des motifs de la condamnation.

Pour EXTRAIT conforme délivré le

Le Greffier du Tribunal,

Modèle n° 70.
Art. 1090 de l'Instruction générale.

Nota. Le cadre des Contrôles et celui des Sommiers seront les mêmes, quelle que soit d'ailleurs l'espèce des condamnés.

Il n'y aura de changement que dans l'intitulation, suivant les modèles ci-après.

DÉPARTEMENT

d

INTITULATION DES CONTRÔLES de Réfractaires.	Contrôle général des Réfractaires de la classe de à poursuivre pour le paiement de l'amende.
INTITULATION DES CONTRÔLES de Déserteurs.	Contrôle général des Déserteurs de l'année à poursuivre pour le paiement de l'amende.
INTITULATION DES CONTRÔLES de Fauteurs.	Contrôle général des individus qui ont été condamnés pendant l'année comme fauteurs et complices en matière de conscription et de désertion, à poursuivre pour le paiement de l'amende.
INTITULATION DES SOMMIERS pour les Réfractaires.	Arrondissement d Bureau d'enregistrement d Sommier des Réfractaires de la classe de
INTITULATION DES SOMMIERS pour les Déserteurs.	Arrondissement d Bureau d'enregistrement d Sommier des Déserteurs qui ont été condamnés pendant l'année
INTITULATION DES SOMMIERS pour les Fauteurs.	Arrondissement d Bureau d'enregistrement d Sommier des Fauteurs et Complices en matière de conscription et de désertion qui ont été condamnés pendant l'année

NUMÉROS du sommier général.	EXTRAIT DU JUGEMENT. (On suivra, selon l'espèce des condamnés, l'un des modèles ci-dessous, pour faire l'extrait du jugement.)	ANNOTATION de tout ce qui a été fait à l'égard des condamnés. DATE DES ANNOTATIONS faites par le Receveur.	OBJET DES ANNOTATIONS.	MONTANT DES FRAIS DE TOUTE NATURE faits contre les condamnés. FRAIS qui n'ont pas été avancés par le fonds de la conscription.	FRAIS qui ont été avancés par le fonds de la conscription. (1).	RECETTES (2). DATE des RECETTES.	MONTANT des SOMMES perçues.	IMPUTATION des sommes perçues. FRAIS qui n'ont pas été avancés par le fonds de la conscription.	FRAIS avancés par le fonds de la conscription.	DÉCIME pour franc.	PRINCIPAL de l'amende.	OBSERVATIONS.
1.	2.	3.	4.	5.	6.	7.	8.	9.	10.	11.	12.	13.
	MODÈLE *de l'Extrait du Jugement pour les Réfractaires.* Nom et prénoms du réfractaire...... { Prénoms du père.. { Nom et prénoms de la mère........ { Domicile du réfractaire........... { Commune.... Canton...... Arrondissement Domicile des père et mère........... { Commune.... Canton...... Arrondissement MONTANT de l'amende. Date du jugement....											(1) (2) voir les notes ci-dessous.
	MODÈLE *de l'Extrait du Jugement pour les Déserteurs.* Nom et prénoms du déserteur....... { Lieu de naissance.. { Commune..... Canton....... Département.. Domicile avant d'entrer au service... { Commune..... Canton....... Arrondissement Grade............... Corps............... Date du jugement.. { Par contumace. Contradictoire. Motifs de la condamnation.......... { MONTANT de l'amende. Peine corporelle.....											
	MODÈLE *de l'Extrait du Jugement pour les Fauteurs.* Nom et prénoms du fauteur......... { Profession......... Domicile......... { Commune..... Canton....... Arrondissement Date du jugement.. { Par contumace. Contradictoire. Motifs de la condamnation......... { MONTANT de l'amende. Durée de la détention.											

(1) Les receveurs ne porteront dans la colonne ci-contre le montant des frais avancés par la direction générale de la conscription, qu'après en avoir reçu l'avis du préfet.

Les préfets auront soin d'envoyer aux receveurs la note des sommes à la charge de chaque condamné, savoir : sur *les frais urgens de justice*, immédiatement après l'apurement du compte du crédit sur lequel la dépense a été imputée ; et sur *les frais liquidés dans les bureaux de la direction générale*, aussitôt qu'ils auront reçu l'avis de la liquidation.

Quant aux [illegible] *faites aux avoués*, les préfets doivent d'abord donner avis aux receveurs du montant de chacune de ces avances, afin que ceux-ci en fassent l'annotation *pour mémoire* dans la quatrième colonne du sommier, et, lorsque l'appropriation est terminée, les préfets doivent faire connaître aux receveurs la somme réellement employée sur le montant de l'avance, pour que ceux-ci la portent dans la sixième colonne.

(2) Les receveurs de l'enregistrement doivent, lorsqu'ils ont fait une recette,

1° Prélever les frais faits ;

2° Opérer, sur la somme restant après le prélèvement des frais, la retenue du décime pour franc exigible en sus du principal de l'amende ;

3° Imputer le surplus sur le principal de l'amende ;

4° Retenir, sur cette dernière somme, la remise de cinq pour cent qui leur est accordée.

Cette marche a été tracée, dès le principe, par l'administration générale de l'enregistrement, et il n'y a été apporté aucun changement : l'exemple qui va suivre doit prévenir toute espèce de doute, quant à la manière de remplir les colonnes ci-contre.

Exemple. L'amende prononcée contre le condamné est de 800 francs, et les frais faits sont de 20 francs ; savoir : 16 francs non avancés par la direction générale de la conscription, et 4 francs avancés par cette administration ; enfin, la recette opérée est de 680 francs :

Le receveur prélève d'abord 20 francs pour les frais ; il opère, pour le décime exigible en sus du principal de l'amende, une retenue de 60 francs formant le onzième des 660 francs restans, il impute le surplus, c'est-à-dire, 600 francs, sur le principal de l'amende ; et enfin, avant de verser le principal de l'amende, il retient 30 francs pour sa remise de cinq pour cent ; en sorte qu'il ne verse réellement que 570 francs.

RÉCAPITULATION.

RÉCAPITULATION.

Nota. Cette récapitulation ne sera portée qu'à la suite des expéditions de contrôles et de supplémens de contrôles adressés au Directeur général.

	NOMBRE DES CONDAMNÉS par chaque taux différent d'amende. 1.	TAUX des AMENDES. 2.	TOTAL DES AMENDES du même taux. 3.	OBSERVATIONS. 4.
TOTAUX.....				

Modèle n° 71 coté A.
Art. 1113 de l'Instruction générale.

Les blancs du titre ci-contre seront remplis dans les bureaux de la préfecture, avant que la présente feuille soit transmise au maire.

ÉTAT des biens meubles et immeubles possédés tant par le nommé réfractaire de l'an , condamné le et inscrit au Contrôle général des Amendes sous le n° , que par ses père et mère, exerçant la profession de ; savoir :

1° SUR LES BIENS IMMEUBLES.

LIEUX où sont situés LES IMMEUBLES. 1.	NATURE ET CONSISTANCE DE CES IMMEUBLES. 2.	LEUR VALEUR en CAPITAL. 3.	en REVENU. 4.	OBSERVATIONS. 5.
	IMMEUBLES personnels au Réfractaire.			Lorsque le père et la mère du réfractaire sont existans tous les deux, le maire n'en doit pas moins faire connaître les biens qui peuvent appartenir personnellement au réfractaire, par donations, legs, contrat de mariage, ou autrement. Lorsque le père et la mère du réfractaire sont morts tous les deux avant la condamnation, l'amende est due par le réfractaire seul. Lorsqu'un seul des deux époux est mort avant la condamnation, l'amende est due tant par le réfractaire que par l'époux survivant. Dans le cas où le réfractaire est héritier de ses père et mère, ou seulement de l'un des deux, et que le partage de la succession n'est pas encore effectué, le maire doit faire connaître la valeur approximative de la portion afférente au condamné.
	IMMEUBLES appartenant aux père et mère du Réfractaire.			Dans le cas où le père et la mère du réfractaire sont morts, ou seulement l'un des deux, le maire doit faire connaître l'époque du décès. Dans le cas où le père et la mère n'habitent plus la commune, le maire doit faire connaître l'époque à laquelle ils l'ont quittée, et le lieu où ils ont transporté leur domicile. Lorsque ses père et mère sont morts après la condamnation, le paiement de l'amende doit être poursuivi sur tous les biens passés à leurs héritiers. Lorsque les père et mère existent, le maire doit faire connaître non seulement les biens qui leur appartiennent personnellement, mais même ceux dont ils n'auraient que l'usufruit. Il doit aussi faire connaître les biens qui leur seraient échus dans des successions dont le partage ne serait pas encore effectué.

2° SUR LES BIENS MEUBLES.

LIEUX où LES BIENS MEUBLES existent. 1.	RENSEIGNEMENS FOURNIS PAR LE MAIRE sur LA NATURE ET LA VALEUR DE CES BIENS. 2.	LEUR VALEUR en CAPITAL. 3.	LEUR VALEUR en REVENU (s'il y a lieu). 4.	OBSERVATIONS. 5.
	BIENS MEUBLES du Réfractaire. Les meubles et effets mobiliers existans dans le domicile du réfractaire, peuvent être évalués à la somme de........ f. c. La portion de ces meubles, qui, d'après la loi, est insaisissable, peut-être évaluée à..... Ainsi, la valeur en capital des meubles et effets susceptibles d'être saisis, se réduit à.............. ci. Les biens censés meubles que le réfractaire possède, en outre de ceux qui existent dans son domicile, consistent dans les objets ci-après ; savoir :			Les renseignemens que le maire doit fournir sur les meubles et effets existans dans le domicile des condamnés, se bornent à faire connaître approximativement la valeur en capital de ces meubles et effets, et à indiquer en même temps la portion qui, d'après la loi, est insaisissable. Quant aux biens censés meubles, qui sont possédés par les condamnés hors de leur domicile, le maire doit en donner la désignation par article, et en faire connaître la valeur approximative tant en capital qu'en revenu, s'il y a lieu. Tels sont, par exemple, les animaux confiés par bail à cheptel (à d'autres qu'au fermier ou métayer); les rentes tant perpétuelles que viagères, soit sur l'État, soit sur des particuliers; les traitemens et pensions, les créances exigibles, les sommes d'argent ou autres valeurs déposées dans les mains d'un tiers, à quelque titre que ce soit, et enfin les biens meubles échus dans des successions dont le partage ne serait pas encore effectué.
	BIENS MEUBLES des père et mère. Les meubles et effets mobiliers existans dans le domicile des père et mère peuvent être évalués à la somme de.............. f. c. La portion insaisissable peut être évaluée à........... Ainsi, la valeur en capital de ces meubles, se réduit à.................. ci. Les biens censés meubles que les père et mère possèdent, en outre de ceux qui existent dans leur domicile, consistent dans les objets ci-après; savoir :			

Nota. Le maire doit donner tous les renseignemens qui sont à sa connaissance sur les biens des condamnés, non seulement dans la commune de leur domicile, mais dans toute autre commune.

Lorsque les condamnés ne possèdent absolument rien, le maire doit déclarer clairement qu'ils n'ont aucun bien meuble ni immeuble dans la commune, et qu'il n'est pas à sa connaissance qu'ils en possèdent ailleurs d'aucune espèce.

Je soussigné (Maire ou Adjoint) de la commune de certifie que les renseignemens que j'ai donnés ci-dessus, sont les seuls que j'aie pu me procurer sur les biens des condamnés dénommés au présent état.

A le 181

Modèle n° 71 coté B.
Art. 1113 de l'Instruction générale.

Les blancs du titre ci-contre seront remplis dans les bureaux de la préfecture avant que la présente feuille soit transmise au maire.

ETAT des biens meubles et immeubles possédés par le nommé (indiquer à la suite du nom la qualité du condamné, c'est-à-dire, si c'est un déserteur ou un fauteur; et, si c'est un fauteur, indiquer en outre sa profession) condamné le et inscrit sous le N° au Contrôle général des Amendes.

LIEUX où sont situés les biens meubles et immeubles. 1.	RENSEIGNEMENS FOURNIS PAR LE MAIRE, sur, la nature, la consistance et la valeur de ces biens. 2.	VALEUR DE CES BIENS en CAPITAL. 3.	VALEUR DE CES BIENS en REVENU (s'il y a lieu). 4.	OBSERVATIONS. 5.
	BIENS IMMEUBLES.			Dans le cas où le condamné serait héritier de ses père et mère, ou seulement de l'un des deux, et où le partage de la succession ne serait pas encore effectué, le maire fera connaître la valeur approximative de la portion afférente au condamné dans les immeubles. Le maire donnera les mêmes renseignemens à l'égard des immeubles que le condamné pourrait posséder par contrat de mariage, donations, ou autrement.
	BIENS MEUBLES. Les meubles et effets mobiliers existans dans le domicile du condamné peuvent être évalués à la somme de.................. f. c. La portion de ces meubles qui, d'après la loi, est insaisissable, peut être évaluée à.......... Ainsi la valeur en capital des objets qui peuvent être saisis, se réduit à.................................. ci. Les biens censés meubles que le condamné possède, en outre de ceux existans dans son domicile, consistent dans les objets ci-après; savoir:			Les renseignemens que le maire doit fournir sur les meubles et effets existans dans le domicile du condamné, se bornent à faire connaître approximativement la valeur en capital de ces meubles et effets, et à indiquer en même temps la portion qui, d'après la loi, est insaisissable. Quant aux biens censés meubles qui sont possédés par le condamné, en outre des meubles existans dans son domicile, le maire doit en donner la désignation par article, et en faire connaître la valeur approximative, tant en capital qu'en revenu, selon qu'il y a lieu. Tels sont, par exemple, les animaux confiés par bail à cheptel (à d'autres qu'au fermier ou métayer); les rentes, tant perpétuelles que viagères, soit sur l'État, soit sur des particuliers; les traitemens et pensions, les créances exigibles, les sommes d'argent ou autres valeurs déposées dans les mains d'un tiers, à quelque titre que ce soit, et enfin les biens meubles échus dans des successions dont le partage ne serait pas encore effectué.

LIEUX où sont situés les biens meubles.	RENSEIGNEMENS FOURNIS PAR LE MAIRE, sur la nature, la consistance et la valeur de ces biens.	VALEUR DE CES BIENS en CAPITAL.	en REVENU (s'il y a lieu).	OBSERVATIONS.
1.	2.	3.	4.	5.

Nota. Le maire doit donner tous les renseignemens qui sont à sa connaissance, sur les biens du condamné, non seulement dans la commune du domicile, mais dans toute autre commune.

Lorsque le condamné ne possède absolument rien, le maire doit déclarer clairement qu'il n'a aucun bien meuble ou immeuble dans la commune, et qu'il n'est pas à sa connaissance qu'il en possède ailleurs d'aucune espèce.

Je soussigné (Maire ou Adjoint) de la commune d certifie que les renseignemens que j'ai donnés ci-dessus sont les seuls que j'aie pu me procurer sur les biens du condamné dénommé au présent état.

A le 181

MODELE n° 71 coté C.
Art. 1113 de l'Instruction générale.

RENSEIGNEMENS

Fournis par le Contrôleur de l'Arrondissement d
sur les Contributions directes payées par le Réfractaire ci-après désigné, et par ses père et mère.

RENSEIGNEMENS fournis par le Contrôle[...]ndissement d   sur les Contributions directes payées par le Réfractaire [dési]gné, et par ses père et mère.

NUMÉRO du RÉFRACTAIRE sur le contrôle général servant pour le recouvrement des amendes.	CLASSE à laquelle il appartient.	NOMS ET PRÉNOMS		COMMUNES DU DOMICILE		MONTANT DES CONTRIBUTIONS DIRECTES DE TOUTE ESPÈCE PAYÉES DANS L'ARRONDISSEMENT,				AVIS DU CONTRÔLEUR sur la valeur en capital des biens sur lesquels portent ces contributions.
		DU RÉFRACTAIRE.	DE SES PÈRE ET MÈRE.	DU RÉFRACTAIRE.	DE SES PÈRE ET MÈRE.	PAR LE RÉFRACTAIRE,		PAR SES PÈRE ET MÈRE,		
						dans la commune du domicile.	dans les autres communes.	dans la commune du domicile.	dans les autres communes.	
1.	2.	3.	4.	5.	6.	7.	8.	9.	10.	11.

Note. Les blancs des six premières colonnes seront remplis dans les bureaux de la préfecture avant que la présente feuille soit transmise au contrôleur.

Le présent [certi]fié véritable,

A   le   181

MODÈLE n° 71 coté D.
Art. 1113 de l'Instruction géné

RENSEIGNEMENS fournis par le Contrôleur de l'arrondissement d
sur les Contributions directes payées par le nom
(indiquer à la suite du nom, la qualité du condam
c'est-à-dire, si c'est un déserteur ou un fauteur ; et, si c'est un fauteur, in
quer en outre sa profession.)

NUMÉRO du CONDAMNÉ sur le contrôle général servant pour le recouvrement des amendes. 1.	ANNÉE de la condamnation. 2.	NOM ET PRÉNOMS du CONDAMNÉ. 3.	COMMUNE du domicile DU CONDAMNÉ. 4.	MONTANT DES CONTRIBUTIONS directes de toute espèce payées dans LA COMMUNE du domicile. 5.	dans les autres COMMUNES de l'arrondissement. 6.	AVIS DU CONTRÔLEUR sur la valeur en capital des biens sur lesque portent ces contributions. 7.

Nota. Le même modèle servira pour les fauteurs et pour les déserteurs.
Pour les déserteurs, on indiquera dans la 4e colonne le domicile du condamné avant son entrée au service.
Les quatre premières colonnes seront remplies dans les bureaux de la préfecture avant que la présente feuille soit transmise au contrôleur.

Le présent Etat certifié véritable.

A le 181

Modèle n° 71 coté E.
Art. 1113 de l'Instruction générale.

DÉPARTEMENT d

COMMUNE d

ARRONDISSEMENT d

Certificat du Receveur de l'enregistrement à la résidence de pour servir à constater la solvabilité ou l'insolvabilité du nommé (réfractaire, déserteur ou fauteur) *de* (l'année de condamnation ou la classe de conscription.)

RÉSULTAT, 1° des Renseignemens fournis par le Maire de la Commune d et le Contrôleur des contributions de l'arrondissement d
2° des Informations prises par le Receveur du bureau d les facultés du nommé (indiquer, si c'est un réfractaire,
sa classe de conscription; et, si c'est un déserteur ou fauteur, l'année de sa condamnati... ...nt au contrôle général sous le N°

	BIENS IMMEUBLES.				BIENS MEUBLES.			AVIS DU RECEVEUR sur les poursuites qui pourraient être exercées avec le plus d'avantage, et sur le succès qu'on peut en espérer.
	DÉSIGNATION DES BIENS IMMEUBLES et DU LIEU OÙ ILS SONT SITUÉS.	VALEUR DE CHACUN DES IMMEUBLES, EN CAPITAL.	EN REVENU.	CHARGES ET HYPOTHÈQUES dont ces immeubles peuvent être grevés et obstacles de toute nature.	INDICATION DE L'ESPÈCE DES BIENS MEUBLES, et du lieu où ils sont situés.	VALEUR PAR ESPÈCE, EN CAPITAL.	EN REVENU (5 p. % à 8 p. %)	
	1.	2.	3.	4.	5.	6.	7.	8.
BIENS PERSONNELS AU RÉFRACTAIRE (1).								
BIENS POSSÉDÉS PAR SES PÈRE ET MÈRE (1).								

(1) Indication à supprimer quand le certificat sera donné pour un déserteur ou fauteur.

Je soussigné, Receveur de l'enregistrement au bureau d ...fie que l'État ci-dessus présente le résultat de toutes les informations qui me sont parvenues, et de celles que j'ai prises moi-même
sur les facultés d condamné y dénommé
Le 181

***AVIS** du Sous-Préfet sur les mesures à prendre à l'égard du condamné désigné de l'autre part.*

MODÈLE N° 72.
Art. 1129 de l'Instruction générale.

DÉPARTEMENT

d

INTITULATION DES ÉTATS D'INSOLVABLES pour LES RÉFRACTAIRES.	ÉTAT des Conscrits réfractaires de la classe de et de leurs pères et mères *(civilement responsables)* qui ont été reconnus insolvables par le Préfet.
Pour LES DÉSERTEURS.	ÉTAT des Déserteurs condamnés pendant l'année qui ont été reconnus insolvables par le Préfet.
Pour LES FAUTEURS.	ÉTAT des Fauteurs et Complices en matière de conscription et de désertion, condamnés pendant l'année qui ont été reconnus insolvables par le Préfet.

NUMÉROS D'ORDRE du présent État.	NUMÉROS D'ORDRE du Contrôle général.	NOMS ET PRÉNOMS des CONDAMNÉS.	VALEUR des BIENS MEUBLES déduction faite de la portion insaisissable. CAPITAL.	VALEUR des BIENS MEUBLES déduction faite de la portion insaisissable. REVENU.	VALEUR des BIENS IMMEUBLES. CAPITAL.	VALEUR des BIENS IMMEUBLES. REVENU.	RÉSUMÉ DES CAUSES qui constituent l'état d'insolvabilité des Condam	OPOSITIONS DU BUREAU.	DÉCISIONS DU DIRECTEUR GÉNÉRAL.	OBSERVATIONS.
1.	2.	3.	4.	5.	6.	7.	8.	9.	10.	11.
										Note. Dans la 8e colonne du présent État, les Préfets feront connaître, entre autres choses, la valeur des effets insaisissables des condamnés. Les Préfets ne perdront pas de vue que, pour les Réfractaires, les facultés des pères et mères devront être comprises cumulativement avec celles de leurs fils dans les colonnes 4, 5, 6 et 7.

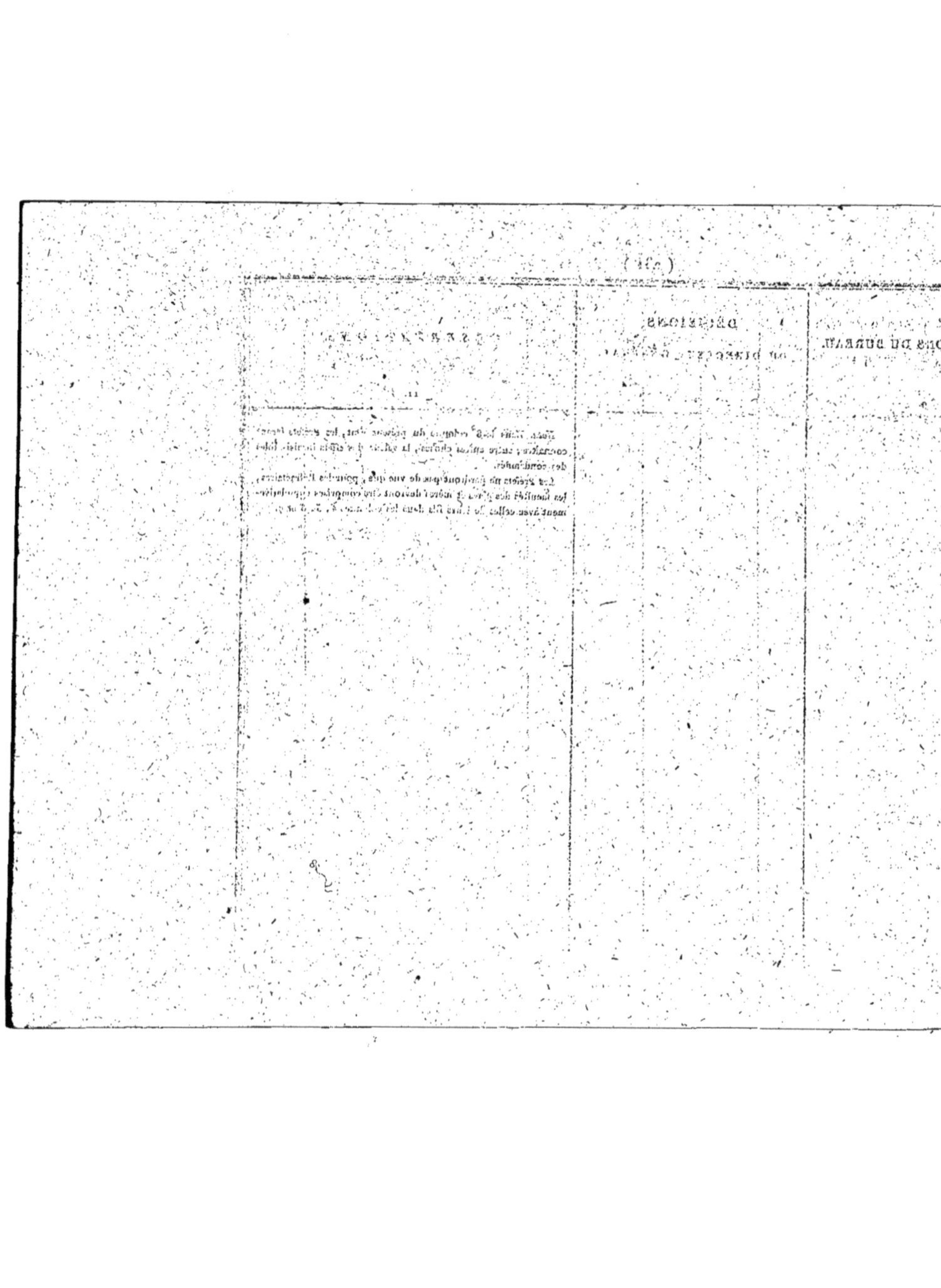

Modele N° 73.
Art. 1136 de l'Instruction générale.

DÉPARTEMENT

d

EXERCICE

ETAT des (indiquer si ce sont des Réfractaires, Déserteurs, ou Fauteurs) *qui, depuis leur inscription sur la liste des insolvables, ont acquis des propriétés.*

Nota. Il sera dressé séparément, d'après ce modèle, un Etat pour les réfractaires, un pour les déserteurs, et un pour les fauteurs et complices en matière de conscription et de désertion.

NUMÉROS D'ORDRE			CLASSE de CONSCRIPTION (si c'est un effectionnaire), ou année de la condamnation (si c'est un déserteur ou un fauteur).	NOMS ET PRÉNOMS des CONDAMNÉS.	SITUATION DES CONDAMNÉS d'après l'État des insolvables.	PROPRIÉTÉS ACQUISES PAR LES CONDAMNÉS depuis leur inscription sur l'État des insolvables.					OBSERVATIONS.
						NATURE DES BIENS.	VALEUR DES BIENS				
							Meubles.		Immeubles.		
du présent État.	de l'État des insolvables.	du Contrôle général.					Capital.	Revenu.	Capital.	Revenu.	
1.	2.	3.	4.	5.	6.	7.	8.	9.	10.	11.	12.

BUREAU

d

N°

du Sommier.

MODÈLE N° 74.
Article 1137 de l'Instruction générale.

AVERTISSEMENT.

A *le*

JE vous préviens, M. , par ordre de M. le Préfet du département, et au nom de M. le Conseiller d'Etat Directeur général de la Conscription et des Revues, que je suis chargé de percevoir l'amende de

à laquelle le jugement du 18
condamne

Vous voudrez bien faire verser sous huit jours cette somme à mon Bureau : à défaut de ce versement, je serais forcé de vous faire poursuivre avec rigueur par les voies judiciaires.

Le Receveur d'Enregistrement,

MODÈLE n° 75.
Art. 1148 de l'Instruction générale.

Nota. Le même État pourra contenir des demandes contre des réfractaires, des déserteurs et des fauteurs.

DÉPARTEMENT

d

ÉTAT des Demandes en expropriation forcée, soumises par le Préfet.

NOMS ET PRÉNOMS des CONDAMNÉS (1).	DOMICILE des CONDAMNÉS (1).	QUALITÉ des CONDAMNÉS. (*Indiquer si c'est un réfractaire, déserteur ou fauteur*).	NUMÉRO du contrôle général des déserteurs.	DATE du JUGEMENT.	DATE de L'INSCRIPTION hypothécaire prise par le receveur.	NATURE, CONSISTANCE ET SITUATION des immeubles.	RENSEIGNEMENS FOURNIS PAR LE PRÉFET sur la valeur des biens et le produit présumé de l'adjudication.	MISE à prix proposée par le préfet.	MAXIMUM de surenchère proposé par le préfet.	OBSERVATIONS particulières DU PRÉFET (s'il y a lieu).	PROPOSITIONS du BUREAU.	DÉCISIONS du DIRECTEUR GÉNÉRAL.	OBSERVATIONS.
1.	2.	3.	4.	5.	6.	7.	8.	9.	10.	11.	12.	13.	14.
							fr. c. …e des biens en capital……… …u.. { d'après les rôles……… d'après les baux……… …me à laquelle l'adjudication pourra …………… fr. c. fr. c. … { Frais de poursuites Créances hypothécaires……… } …t présumé de l'adjudication………						(1) Si c'est un réfractaire, on devra donner ces renseignemens pour les père et mère comme pour le réfractaire.

33.

DÉPARTEMENT

d

MODÈLE n° 96 coté A.

Art. 1161 de l'Instruction générale.

EXPROPRIATIONS.

BIENS ADJUGÉS AU PROFIT D'UN PARTICULIER.

COMPTE du Résultat des Poursuites en expropriation forcée ont été exercées contre le nommé (indiquer les nom et prénoms du condamné; sa qualité de réfractaire, déserteur ou fauteur; classe de conscription, si c'est un réfractaire, et l'année de sa condamnation, si c'est un déserteur ou fauteur), *inscrit sous le numéro du Contrôle général.*

DATE de l'autorisation du Directeur général d'après laquelle l'expropriation a été poursuivie.	DATE de l'ADJUDICATION.	MONTANT de L'AMENDE.	DÉCOMPTE DE L'AVOUÉ.				MONTANT des CRÉANCES hypothécaires ou privilégiées payables avant l'amende. (Non compris les frais restant dus à l'avoué.)	MONTANT de L'ADJUDICATION.	IMPUTATION DU PRODUIT DE L'ADJUDICATION.					SOMME qui est revenue au condamné, si le produit de l'adjudication a excédé l'amende.	SOMME payée à l'avoué sur le fonds de la conscription, si le produit de l'adjudication n'a pas suffi pour acquitter ce qui lui restait dû.	OBSERVATIONS.
			MONTANT des frais qui ont été faits.	SOMME qui avait été avancée à l'avoué.	SOMME				[illegible]MENT total ou partiel, montant [illegible] donné [illegible] compte.	RECOUVREMENT total ou partiel au profit de la Direction; de la somme employée par l'avoué sur l'avance qui lui avait été faite.	PAIEMENT total ou partiel des créances hypothécaires ou privilégiées payables avant l'amende.	RETENUE du dixième pour frais exigible en sus du principal de l'amende.	PAIEMENT total ou partiel du principal de l'amende.			
					restant dus à l'avoué, si les frais faits excèdent l'avance qu'il a reçue.	à reverser par l'avoué, si l'avance qu'il a reçue excède les frais faits.										
1.	2.	3.	4.	5.	6.	7.	8.	9.	10.	11.	12.	13.	14.	15.	16. (1)	17.
																(1) Dans le cas prévu par le titre de la 16e colonne, le Préfet attendra, pour rendre le compte du résultat de l'expropriation, que les frais restant dus à l'avoué aient été liquidés et soldés.

Certifié véritable par nous, Préfet du Département d

A 181

DÉPARTEMENT
d

MODÈLE n° 76, coté B.
Art. 1161 de l'Instruction générale.

EXPROPRIATIONS.

BIENS ADJUGÉS AU PROFIT DE L'ÉTAT.

COMPTE *du Résultat des Poursuites en expropriat[ion] qui ont été exercées contre le nommé* (indiquer les nom et prénoms du condamné ; sa qualité de réfractaire, déserteur ou fauteur ; sa clas[se de] conscription, si c'est un réfractaire, et l'année de sa condamnation, si c'est un déserteur ou fauteur), *inscrit sous le n°* *du contrôle génér[al]*

DATE de l'autorisation du Directeur général d'après laquelle l'expropriation a été poursuivie.	DATE de L'ADJUDICATION.	MONTANT de L'ADJUDICATION.	MONTANT de L'AMENDE.	MONTANT DES FRAIS DE TOUTE NATURE à la charge de la Direction générale de la conscription, dans le cas où les biens sont adjugés à l'État			[illegible]	SOMME		OBSERVATIONS.
				FRAIS de poursuites.	FRAIS d'adjudication.	TOTAL des frais.		PAYÉE à l'avoué pour acquitter le montant des frais de toute nature.	REVERSÉE par l'avoué, si l'avance qu'il a reçue excède les frais de toute nature.	
1.	2.	3.	4.	5.	6.	7.	8.	9. (1)	10.	11.
										(1) Dans le cas prévu par le titre de la 9e colonne, le Préfet attendra, pour rendre le compte du résultat de l'expropriation, que les frais restant dus à l'avoué aient été liquidés et soldés.

Certifié véritable par nous Préf[et du] Département d

A 181

MODÈLE n° 77.
Art. 1162 de l'Instruction générale.

DÉPARTEMENT

d

REGISTRES DES RECETTES effectuées sur le montant des Amendes et des Frais dus par les Réfractaires et les Déserteurs, ainsi que par les Fauteurs et Complices en matière de Conscription et Désertion.

NUMÉROS du présent Registre.	NUMÉROS du Contrôle général.	DATE des RECETTES.	MONTANT DES RECETTES, TANT SUR LE PRINCIPAL QUE SUR LES FRAIS. (Énoncer les sommes en toutes lettres.)	NOMS des CONDAMNÉS.	ESPÈCE des CONDAMNÉS.	CLASSE de CONSCRIPTION, OU, ANNÉE de la condamnation.	SOMMES PAYÉES A LA DÉCHARGE DES RÉFRACTAIRES, sur le principal.	RÉFRACTAIRES, sur les frais avancés par le fonds de la conscription.	DÉSERTEURS, sur le principal.	DÉSERTEURS, sur les frais avancés par le fonds de la conscription.	FAUTEURS, sur le principal.	FAUTEURS, sur les frais avancés par le fonds de la conscription.	OBSERVATIONS.
1.	2.	3.	4.	5.	6.	7.	8.	9.	10.	11.	12.	13.	14.

Modèle n° 78 côté A.
Art. 1166 de l'Instruction générale.

DÉPARTEMENT d

Bordereau des Versemens faits pendant le mois d
par le Receveur de l'enregistrement du bureau d

ESPÈCE des CONDAMNÉS.	DATE DES RÉCÉPISSÉS de versemens.	SOMMES VERSÉES sur le principal des Amendes.	sur les frais avancés par le fonds de la conscription.	TOTAL PAR ESPÈCE de condamnés.	OBSERVATIONS.
1.	2.	3.	4.	5.	6.
Réfractaires.					
Déserteurs.					
Fauteurs.					
	Total général. . .				

Certifié véritable par le Receveur de l'Enregistrement du Bureau d
Le 181

MODÈLE n° 78 coté B.
Art. 1168 de l'Instruction générale.

DÉPARTEMENT d

Nota. *Il sera dressé séparément, d'après ce modèle, un bordereau pour les réfractaires, un pour les déserteurs, et un pour les fauteurs.*

BORDEREAU des Versemens faits pendant le trimestre d
par les Receveurs de l'enregistrement, sur le principal des Amendes, et sur les Frais dus par les (indiquer l'espèce de condamnés, réfractaires, déserteurs, ou fauteurs, pour laquelle l'état est dressé).

RESIDENCE DES RECEVEURS de l'enregistrement. 1.	NUMÉROS d'ordre des récépissés de versemens. 2.	DATE DES RÉCÉPISSÉS de versemens. 3.	SOMMES VERSÉES sur le principal des Amendes. 4.	SOMMES VERSÉES sur les Frais avancés par le fonds de la conscription. 5.	SOMMES VERSÉES TOTAL. 6.	*OBSERVATIONS.* 7.
		TOTAUX...				

Certifié conforme aux

Récépissés ci-joints, le présent Bordereau montant à la somme totale de

(en toutes lettres)

A *le* 181

Le Préfet du département d

MODÈLE n° 79.
Art. 1170 de l'Instruction générale.

DÉPARTEMENT
d

TRIMESTRE d

ÉTAT des Annotations qui ont été faites pendant le Trimestre d sur les sommiers des (indiquer si ce sont des réfractaires, déserteurs, ou fauteurs) *à poursuivre pour le paiement de l'amende.*

Nota. Il sera dressé séparément, d'après ce modèle, un état pour les réfractaires, un pour les déserteurs, et un pour les fauteurs.

NUMÉROS D'ORDRE du présent État.	NUMÉROS D'ORDRE du Contrôle général.	NOMS ET PRÉNOMS des CONDAMNÉS. (Il ne sera pas nécessaire d'indiquer les noms et prénoms des pères et mères des réfractaires.)	ANNOTATION DE TOUT CE QUI A ÉTÉ FAIT À L'ÉGARD DES CONDAMNÉS. DATES des Annotations faites par le Receveur.	OBJET DES ANNOTATIONS.	MONTANT des frais de toute nature, faits contre les Condamnés. FRAIS qui n'ont pas été avancés par le fonds de la conscription.	MONTANT des frais de toute nature, faits contre les Condamnés. FRAIS qui ont été avancés par le fonds de la conscription.	RECETTES. DATE des RECETTES.	MONTANT des SOMMES perçues.	IMPUTATION DES SOMMES PERÇUES. FRAIS qui n'ont pas été avancés par le fonds de la conscription.	FRAIS qui ont été avancés par le fonds de la conscription.	DÉCIME pour franc.	PRINCIPAL de l'amende.	OBSERVATIONS.
1.	2.	3.	4.	5.	6.	7.	8.	9.	10.	11.	12.	13.	14.
				Année ou Classe de									*Note.* On divisera les annotations par classe pour les réfractaires, et par année de condamnation pour les déserteurs et fuyards. Après avoir relevé les annotations de chaque classe ou exercice, on portera le total des frais faits et des recettes effectuées, suivant le modèle ci-contre.
				TOTAUX.....									
				Année ou Classe de									

Certifié véritable par (*le Receveur du bureau d* ou *le Préfet du département d*)

A *le* 18

Note Ce tableau doit cont[...] deux cases de plus.

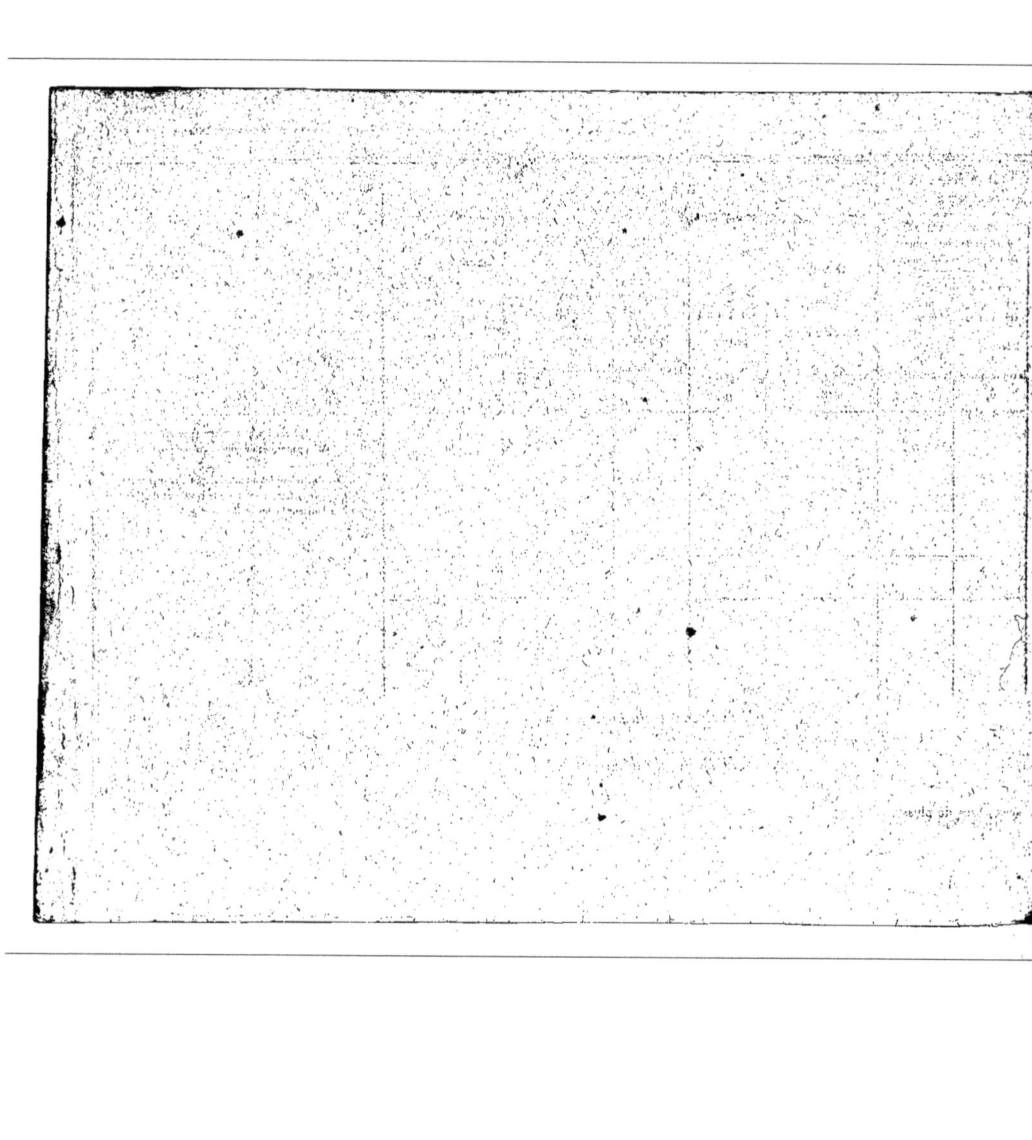

Modèle n° 80 coté A.
Art. 1178 de l'Instruction générale.

DÉPARTEMENT

d

Exercice 181

COMPTE annuel et sommaire de la Situation du Recouvrement des Amendes dues par les Réfractaires.

CONSCRITS RÉFRACTAIRES.

COMPTE de la Situation du Recouvrement des Amendes jusqu'au dernier jour du mois de Décembre 181

NOMBRE DES RÉFRACTAIRES PORTÉS SUR LES CONTRÔLES GÉNÉRAUX, et MONTANT DES RECETTES EFFECTUÉES.

Nombre de réfractaires portés sur les contrôles généraux.......... Réfractaires.

Montant des Amendes à recouvrer d'après les contrôles généraux.......... Amendes.

Recettes effectuées..... { pendant les exercices antérieurs.......... / pendant l'exercice 181 .... } Recettes.

NOMBRE DES RÉFRACTAIES NON ACTUELLEMENT POURSUIVIS, et MONTANT DES SOMMES IRRECOUVRABLES OU PRÉSUMÉES TELLES SUR LE MONTANT DE LEURS AMENDES.

MOTIFS DE LA SUSPENSION OU DE LA CESSATION DÉFINITIVE DES POURSUITES.		NOMBRE des réfractaires qui se trouvent dans le cas de la suspension, ou de la cessation des poursuites.	MONTANT de leurs amendes.	SOMMES recouvrées sur leurs amendes.	SOMMES non recouvrées, et qui sont présumées irrecouvrables.
Suspension pour cause d'insolvabilité..	Réfractaires dont l'insolvabilité a été reconnue provisoirement par le Préfet..........				
	— dont l'insolvabilité a été reconnue définitivement par le Directeur général..........				
Suspensions limitées et conditionnelles..	Réfractaires qui se sont représentés volontairement..........				
	— à qui le Directeur général a accordé un sursis..........				
Cessation définitive des poursuites.....	Réfractaires qui ont entièrement acquitté l'amende..........				
	— dont la radiation a été prononcée par le Directeur général..........				
	— qui ont obtenu leur grace de sa Majesté..........				
	Totaux..........				

NOMBRE DES RÉFRACTAIRES SOLVABLES RESTANT ACTUELLEMENT A POURSUIVRE, et MONTANT DES SOMMES RESTANT A RECOUVRER SUR LE MONTANT DE LEURS AMENDES.

Nombre total des réfractaires... { portés sur les contrôles généraux.......... / non poursuivis actuellement.......... }

Réfractaires restant à poursuivre actuellement.......... Réfractaires.

Montant total.......... { des amendes d'après les contrôles généraux.......... / des sommes recouvrées jusqu'à ce jour.......... / des sommes non recouvrées et qui sont présumées irrecouvrables.......... }

Sommes encore dues par les réfractaires solvables qui restent à poursuivre actuellement.......... Amendes.

OBSERVATIONS.

Dans le cas où des conscrits réfractaires se seraient libérés, conformément à l'article 192 de l'Instruction générale sur la conscription, de la totalité ou de partie de l'amende, par une quittance d'indemnité de réforme, il devra en être fait mention dans cette colonne, de la manière suivante :

Dans la somme de formant le total des recettes, est comprise celle de payée, conformément à l'article 192 de l'Instruction générale sur la conscription, en quittances d'indemnités de réforme, par des conscrits réformés et astreints à fournir des suppléans, et condamnés comme réfractaires pour n'avoir pas satisfait à cette obligation.

Certifié véritable par (le Receveur du bureau d
ou le Sous-Préfet de l'arrondissement d
ou le Préfet du département d)

A *le* 181

MODÈLE n° 80 coté B.
Art. 1178 de l'Instruction générale.

DÉPARTEMENT

d

EXERCICE 181

COMPTE annuel et sommaire de la Situation du Recouvrement des Amendes dues par les Déserteurs.

DÉSERTEURS.

COMPTE de la Situation du Recouvrement des Amendes jusqu'au dernier jour du mois de Décembre 181

OBSERVATIONS.

NOMBRE DES DÉSERTEURS PORTÉS SUR LES CONTRÔLES GÉNÉRAUX,
et
MONTANT DES RECETTES EFFECTUÉES.

Nombre de déserteurs portés sur les contrôles généraux.......................... .... Déserteurs.
Montant des Amendes à recouvrer d'après les contrôles généraux.................... .... Amendes.
Recettes effectuées.... {pendant les exercices antérieurs........................ .... }
{pendant l'exercice 181 .... } Recettes.

NOMBRE DES DÉSERTEURS NON ACTUELLEMENT POURSUIVIS,
et
MONTANT DES SOMMES IRRECOUVRABLES OU PRÉSUMÉES TELLES SUR LE MONTANT DE LEURS AMENDES.

MOTIFS DE LA SUSPENSION OU DE LA CESSATION DÉFINITIVE DES POURSUITES.		NOMBRE de déserteurs qui se trouvent dans le cas de la suspension, ou de la cessation des poursuites.	MONTANT de leurs amendes.	SOMMES recouvrées sur leurs amendes.	SOMMES non recouvrées, et qui sont présumées irrecouvrables.
Suspension pour cause d'insolvabilité..	Déserteurs dont l'insolvabilité a été reconnue provisoirement par le Préfet..........				
	——— dont l'insolvabilité a été reconnue définitivement par le Directeur général				
Suspensions limitées ou conditionnelles.	Déserteurs réadmis dans les corps..........................				
	——— à qui le Directeur général a accordé des sursis..........				
Cessation définitive des poursuites....	Déserteurs qui ont entièrement acquitté l'amende..........				
	——— contumax acquittés ou décédés..........				
	——— graciés par sa Majesté..........				
	Totaux..........				

NOMBRE DES DÉSERTEURS SOLVABLES RESTANT A POURSUIVRE ACTUELLEMENT,
et
MONTANT DES SOMMES RESTANT A RECOUVRER SUR LE MONTANT DE LEURS AMENDES.

Nombre total des Déserteurs... {portés sur les contrôles généraux.................... ....
{non poursuivis actuellement.................... ....
Déserteurs restant à poursuivre actuellement.............. .... Déserteurs.

Montant total.............. {des amendes d'après les contrôles généraux........ ....
{des sommes recouvrées jusqu'à ce jour.............. ....
{des sommes non recouvrées et qui sont présumées irrecouvrables.................... }
Sommes encore dues par les déserteurs solvables qui restent à poursuivre actuellement........................ Amendes.

Certifié véritable par (le Receveur du bureau d / ou le Sous-Préfet de l'arrondissement d / ou le Préfet du département d)

A *le* 181

Modèle n° 80 coté C.
Art. 1178 de l'Instruction générale.

DÉPARTEMENT

d

Exercice 181

Compte annuel et sommaire de la Situation du Recouvrement des Amendes dues par les Fauteurs et Complices en matière de conscription et de désertion.

FAUTEURS ET COMPLICES EN MATIÈRE DE CONSCRIPTION ET DE DÉSERTION.

COMPTE de la Situation du Recouvrement des Amendes jusqu'au dernier jour du mois de Décembre 181

NOMBRE DES FAUTEURS PORTÉS SUR LES CONTRÔLES GÉNÉRAUX, et MONTANT DES RECETTES EFFECTUÉES.

Nombre de Fauteurs portés sur les contrôles généraux.......................... Fauteurs.

Montant des Amendes à recouvrer d'après les contrôles généraux.......................... Amendes.

Recettes effectuées....
- pendant les exercices antérieurs..........................
- pendant l'exercice 181 ....

Recettes.

NOMBRE DES FAUTEURS NON ACTUELLEMENT POURSUIVIS, et MONTANT DES SOMMES IRRECOUVRABLES OU PRÉSUMÉES TELLES SUR LE MONTANT DE LEURS AMENDES.

MOTIFS DE LA SUSPENSION OU DE LA CESSATION DÉFINITIVE DES POURSUITES.		NOMBRE DE FAUTEURS qui se trouvent dans le cas de la suspension, ou de la cessation des poursuites.	MONTANT de LEURS AMENDES.	SOMMES RECOUVRÉES sur leurs amendes.	SOMMES NON RECOUVRÉES, et qui sont présumées irrecouvrables.
Suspension pour cause d'insolvabilité..	Fauteurs dont l'insolvabilité a été reconnue provisoirement par le Préfet..........				
	— dont l'insolvabilité a été définitivement reconnue par le Directeur général..........				
Cessation définitive des poursuites.....	Fauteurs qui ont entièrement acquitté l'amende..........				
	TOTAUX..........				

FAUTEURS SOLVABLES RESTANT A POURSUIVRE ACTUELLEMENT, et SOMMES RESTANT A RECOUVRER SUR LE MONTANT DE LEURS AMENDES.

Nombre total des Fauteurs....
- portés sur les contrôles généraux..........................
- non poursuivis actuellement..........................

Fauteurs restant à poursuivre actuellement.......................... Fauteurs.

Montant total..........
- des amendes d'après les contrôles généraux..........................
- des sommes recouvrées jusqu'à ce jour..........................
- des sommes non recouvrées et qui sont présumées irrecouvrables..........................

Sommes encore dues par les Fauteurs solvables qui restent à poursuivre actuellement.......................... Amendes.

Certifié véritable par (le Receveur du bureau d
ou le Sous-Préfet de l'arrondissement d
ou le Préfet du département d)

A *le* 181

MODÈLE n° 80 D.
Art. 1178 de l'Instruction générale.

COMPTE

Annuel et sommaire de la Situation du Recouvrement des Frais, dus par les Réfractaires, les Déserteurs et les Fauteurs, et qui ont été avancés sur le Fonds de la Conscription.

COMPTE annuel et sommaire de la Situation du Recouvrement des frais dus par les Réfractaires, les Déserteurs et les Fauteurs, et qui ont été avancés sur les Fonds de la Conscription.

ESPÈCES des CONDAMNÉS.	NOMBRE des CONDAMNÉS contre lesquels il a été fait des frais.	MONTANT DES FRAIS qui ont été avancés par la Direction générale de la conscription.	MONTANT DES RECETTES EFFECTUÉES SUR CES FRAIS, pendant les exercices antérieurs.	pendant l'exercice de 181	TOTAL.	SOMMES NON RECOUVRÉES SUR LES FRAIS FAITS envers les Condamnés à l'égard desquels la suspension ou la cessation des poursuites a été autorisée.	envers les Condamnés restant à poursuivre (1)	TOTAL DES FRAIS non recouvrés.	OBSERVATIONS.
1.	2.	3.	4.	5.	6.	7.	8.	9.	10.
Réfractaires........									(1) Tous les condamnés dont l'insolvabilité n'a été reconnue ni provisoirement par le Préfet, ni définitivement par le Directeur général, sont censés solvables.
Déserteurs........									
Fauteurs........									
TOTAUX........									

Certifié véritable par (le Receveur du bureau d / ou le Sous-préfet de l'arrondissement d / ou le Préfet du département d)

A le 181

Modèle n° 81.
Art. 1185 et 1188 de l'Instruction générale.

ÉPARTEMENT d

COMPTES

DE RECETTES ET DÉPENSES

sentés pour les Garnisaires qui ont été employés depuis le
ısqu'au dans

COMPTE GÉNÉRAL

DES RECETTES

Faites par les Garnisaires qui ont été employés depuis
le (1)
jusqu'au (2)

ndiquer, dans le blanc, la
laquelle les garnisaires ont
en mouvement.

Indiquer ici la date à la-
tous les garnisaires sont
, soit à leur corps, soit
résidence, soit dans leurs

NUMEROS D'ORDRE.	NOMS des COMMUNES.	MONTANT DES SOMMES à payer par les habitans soumis à la garnison.	SOMMES PAYÉES PAR CES HABITANS.		TOTAL DES SOMMES payées.	…STANT DU …les habitans …à la garnison.	OBSERVATIONS.
			MONTANT des consignations.	PRODUIT DES VENTES déduction faite des frais.			
	TOTAUX......						

Certifié à le 181

Le (Nom et grade du commandant des garnisaires, et son corps.)

Suite du Modèle n° 81.
Art. 1185 de l'Instruction générale.

DÉPENSES.

COMPTE

GÉNÉRAL ET SOMMAIRE

Des Dépenses qui ont eu lieu pour les Garnisaires employés sous la direction du S^{r} (1) depuis le (2) jusqu'au (3)

(1) Indiquer le grade et l'arme.
(2) Indiquer la date à laquelle les garnisaires ont été mis en mouvement.
(3) Indiquer la date à laquelle les garnisaires ont été de retour, soit à leur corps, soit à leur résidence, soit dans leurs foyers.

GRADES DES GARNISAIRES.		SOLDE DES GARNISAIRES.						NOURRITURE DES CHEVAUX.				SOLDE DES PORTEURS DE CONTRAINTES.					OBSERVATIONS.
MONTÉS.	NON MONTÉS.	NOMBRE de Garnisaires de chaque grade qui ont été employés pendant le même nombre de jours, et au même taux.		NOMBRE de jours pendant lesquels les Garnisaires ont été employés au même taux.	TAUX de la journée pour chaque grade.	NOMBRE des Garnisaires, multiplié par le nombre de jours pendant lesquels ils ont été employés au même taux, ou TOTAL des JOURNÉES.	TOTAL de la Dépense pour la Solde des Garnisaires, pendant le nombre de jours au même taux.	NOMBRE des CHEVAUX égal à celui des garnisaires montés.	PRIX effectif de LA RATION.	NOMBRE des RATIONS égal à celui des journées des garnisaires montés.	TOTAL de la Dépense pour la nourriture des chevaux.	NOMBRE des porteurs de contraintes qui ont été employés, pendant le même nombre de jours et au même taux.	NOMBRE de jours pendant lesquels les porteurs de contraintes ont été employés au même taux.	TAUX de la solde par jour des porteurs de contraintes.	NOMBRE de porteurs de contraintes multiplié par le nombre de jours pendant lesquels ils ont été employés, ou total des journées.	TOTAL de la dépense pour la solde des porteurs de contraintes.	
1.	2.	3.		4.	5.	6.	7.	8.	9.	10.	11.	12.	13.	14.	15.	16.	17.
Capitaine		1.		15.	3. 00.	15.	45. 00.	1.	1.	15.	00.						
Lieutenans		2.		15.	3. 00.	30.	90. 00.	2.	1.	30.	00.						
Brigadiers		10.	6.	15.	1. 75.	90.	157. 50.	6.	1.	90.	00.						
			4.	9.	1. 75.	36.	63. 00.	4.	1.	36.	00.	2.	15.	30.	4. 00.	120. 00.	
	Sergens	15.	8.	15.	1. 75.	120.	210. 00.	»	»	»		1.	9.	9.	4. 00.	36. 00.	
			7.	6.	1. 75.	42.	73. 50.	»	»	»							
	Soldats	28.	20.	10.	1. 00.	200.	200. 00.	»	»	»							
			8.	15. { 6.	1. 00.	40.	40. 00.	»	»	»							
				10.	2. 00.	80.	160. 00.	»	»	»							
							1,039. 00.				00.					156. 00.	

RÉCAPITULATION DES DÉPENSES.

Solde des garnisaires.	1,039	00
Nourriture des chevaux.	171	00
Solde des porteurs de contraintes.	156	00
TOTAL.	1,366	00

Certifié véritable le présent État de dépenses montant à la somme totale de treize cent soixante-six francs.

A 181

Le (*Indiquer le grade et l'arme de l'Officier des garnisaires*) Commandant.

Fin du Modèle n° 81.

Art. 1185 et 1188 de l'Instruction générale.

DÉPARTEMENT d

ÉTAT SOMMAIRE

Présentant 1° le montant des Recettes et des Dépenses faites par les Garnisaires qui ont été employés depuis le
jusqu'au ; 2° le montant du fonds commun disponible.

ÉTAT sommaire présentant, 1° le montant des Recettes et des Dépenses faites par les Garnisaires qui ont été employés dans le département, depuis le jusqu'au 2° le montant du fonds commun disponible.

RECETTES ET DÉPENSES DES GARNISAIRES.			VERSEMENT DU FONDS COMMUN.		OBSERVATIONS.
MONTANT des Recettes.	MONTANT des Dépenses.	FONDS COMMUN disponible, ou restant des Recettes après le paiement des dépenses.	DATE du versement, d'après le récépissé du Receveur général.	MONTANT du Versement.	

Le présent État certifié véritable par nous, Préfet du département d d'après la vérification que nous avons faite des pièces justificatives qui nous ont été remises en exécution de l'article 1180 de l'Instruction générale.

A le 181

MODÈLE n° 82.
Art. 1201 de l'Instruction générale.

DÉPARTEMENT d

ÉTAT de Proposition des Indemnités dues aux Officiers de santé qui ont visité les Conscrits appelés lors de la levée de la classe de 181 *dans le département d*

NOMS ET PRÉNOMS des OFFICIERS DE SANTÉ.	EMPLOIS PUBLICS que les Officiers de santé exercent.	LIEUX de LEUR RÉSIDENCE.	NOMBRE de Conscrits visités		NOMBRE de journées employées par les Officiers de santé,		NOMBRE de myriamèt. parcourus.	MONTANT de l'Indemnité que le Préfet propose d'accorder à chaque Officier de santé.	MOTIFS DE LA PROPOSITION du Préfet.	*OBSERVATIONS.*
			dans le lieu de la résidence des Officiers de santé.	hors de leur résidence.	sans déplacement.	avec déplacement.				
1.	2.	3.	4.	5.	6.	7.	8.	9.	10.	11.
										Les Préfets indiqueront, lorsqu'ils le croiront nécessaire pour éclairer la décision du Directeur général, ce que chaque Officier de santé aura pu perdre de ses bénéfices ordinaires, en se livrant à la visite des conscrits.
		TOTAUX.....								

Le présent état certifié véritable

A le 181

Le Préfet d

Nota. Le présent État devra être adressé en double expédition.

MODÈLE N° 83.
Art. 1221 de l'Instruction générale.

DÉPARTEMENT d

(1) *Particulier* ou *spécial*.

(2) *Frais urgens de justice*, ou *Frais de poursuites en expropriation forcée*.

COMPTE de l'emploi du *crédit* (1) de la somme de ouvert au Préfet le 18 pour (2) pendant l'exercice 181

NUMÉROS de l'ordonnance. 1.	DATE de l'Ordonnance. 2.	MONTANT de l'Ordonnance. 3.	DATE des Mandats délivrés par le Préfet. 4.	NOMS ET QUALITÉS des PARTIES PRENANTES. 5.	TEMPS pendant lequel les Dépenses ont eu lieu. 6.	NATURE des DÉPENSES. 7.	MONTANT des Mandats acquittés. 8.	INDICATION des Pièces à l'appui. 9.	OBSERVATIONS. 10.
						TOTAL des sommes employées............			
						Sommes restées sans emploi.........			
						TOTAL égal au montant du crédit..........			

Certifié véritable par nous, Préfet du département d le présent compte, duquel il résulte que les dépenses soldées sur le crédit qui nous a été ouvert le s'élèvent à la somme de et que la somme de restée sans emploi, a été comprise dans un bordereau de fonds libres du Payeur, que nous avons visé le 181

A *le* 181

MODÈLE n° 84.
Art. 1226 de l'Instruction générale.

DÉPARTEMENT d

JE certifie que je n'ai fait aucun usage du *crédit* (1) de la somme de francs qui m'a été ouvert le par ordonnance, n° pour (2) pendant l'exercice 181 , et que ladite somme de francs a été comprise dans un bordereau de fonds libres qui m'a été présenté par le payeur général du département d et que j'ai visé le 181

A le 181

Le Préfet du département d

(1) *Particulier* ou *spécial.*

(2) *Frais urgens de justice,* ou *Frais de poursuites en expropriation Forcée.*

DÉPARTEMENT
d

TRIBUNAL
DE L'ARRONDISSEMENT
à

TRIMESTRE de 181

MODÈLE n° 85 coté A.
Art. 1233 de l'Instruction générale.

MÉMOIRE des Sommes dues au Greffier du Tribunal civil séant à pour expéditions et extraits de jugemens rendus contre les Conscrits réfractaires, les Déserteurs, et contre les fauteurs et complices en matière de conscription ou de désertion ; lesquels travaux ont été faits pendant le trimestre de 181

DATES des		NOMBRE des CONDAMNÉS compris dans les jugemens ou ordonnances.	NATURE des DÉLITS.	NATURE des TRAVAUX faits par le Greffier relativement à chaque jugement ou ordonnances.	NOMBRE					SOMMES DUES AU GREFFIER.	
jugemens ou ordonnances.	travaux faits par le greffier.				de Rôles compris dans les expéditions. à 40c	d'Extraits d'actes de procédure. à 60c	d'Extraits de jugemens définitifs délivrés pour servir à la formation des contrôles. à 12c ½	d'articles des états de liquidation de frais. à 05c	d'exemplaires signés et collationnés. à 15c	pour chaque espèce de frais.	TOTAL par chaque jugement ou ordonnance.
1.	2.	3.	4.	5.	6.	7.	8.	9.	10.	11.	12.
....	....	....	........(1)								

Le présent Mémoire montant à la somme de certifié véritable par moi, Greffier soussigné.

A le

Nota. Ce mémoire doit être vérifié et taxé par le président du tribunal, en présence du procureur impérial ; il sera ensuite vérifié et arrêté par le préfet.

(1) On formera dans le mémoire autant d'accolades qu'il y aura de jugemens donnant lieu à des droits de greffe, et on mettra, sous chaque accolade, autant de lignes qu'il y aura d'articles de dépenses pour le même jugement.

DÉPARTEMENT
d

TRIMESTRE de 181

MODÈLE n° 85 coté B.
Art. 1238 de l'Instruction générale.

MÉMOIRE des Sommes dues au Sieur
Imprimeur à pour impressions de jugemens rendus contre des Conscrits réfractaires, par lui faites pendant le trimestre de 181

DATES des impressions.		NOMBRE d'exemplaires imprimés.	SOMMES RÉCLAMÉES.	OBSERVATIONS.
impressions.	jugemens imprimés.			
1.	2.	3.	4.	5.
		TOTAL...		

Le présent Mémoire montant à la somme de
certifié véritable par moi, Imprimeur soussigné
A le 181

Nota. Ce mémoire sera d'abord réglé et visé par le président du tribunal, en présence du procureur impérial, et ensuite vérifié et arrêté par le préfet.
Il sera appuyé d'un exemplaire imprimé de chaque jugement.

DÉPARTEMENT d

MODÈLE n° 85 coté C.
Art. 1241 de l'Instruction générale.

TRIMESTRE de 181

MÉMOIRE des Frais dus au Sieur Huissier à pour significations, commandemens, saisies, ventes et autres poursuites en recouvrement des amendes prononcées pour délits en matière de conscription et de désertion, lesquelles poursuites ont été faites pendant le trimestre de 181

DATES des actes de poursuites.	OBJET des actes de poursuites.	NOMS ET QUALITÉS des individus que les actes concernent (1).	DISTANCE (en myriamètres) du domicile de ces individus à celui de l'huissier.	MONTANT DES FRAIS. pour rédaction de l'acte, copie, et transport.	pour timbre du papier. (2)	pour enregistrement. (2)	TOTAL.	OBSERVATIONS.
1.	2.	3.	4.	5.	6.	7.	8.	9.
								(1) Indiquer, dans la 3e colonne, si les individus poursuivis sont *réfractaires*, ou *déserteurs*, ou *fauteurs*. (2) Si les droits de timbre et d'enregistrement ont été inscrits en débet, il ne sera porté que des guillemets dans les 6e et 7e colonnes.

Le présent Mémoire montant à la somme de certifié véritable par moi, Huissier soussigné.

A le 181

Nota. Ce mémoire sera d'abord réglé et visé par le président du tribunal, en présence du procureur impérial, ensuite vérifié et arrêté par le préfet.

Il sera appuyé des originaux des actes de poursuites ; et lorsque les originaux ne pourront être produits, il seront remplacés par un certificat du procureur impérial.

Pour faciliter la liquidation, les huissiers auront soin de noter sommairement, au bas de chaque acte, tous les frais et droits auxquels il donne lieu.

DÉPARTEMENT
d

TRIBUNAL
DE L'ARRONDISSEMENT
d

MODÈLE n° 85 coté D.
Art. 1243 de l'Instruction générale.

MÉMOIRE des Frais faits par le Sieur
Avoué près le Tribunal civil séant à *dans l'instance en expropriation forcée, suivie d'après la décision de M. le Conseiller d'État directeur général de la conscription, en date du* *pour parvenir au recouvrement de l'amende de* *à laquelle le nommé* (mettre ici les nom et prénoms du condamné, sa classe, si c'est un Conscrit réfractaire; et l'année de sa condamnation, si c'est un déserteur ou un fauteur et complice) *a été condamné.*

(a)	DATES des ACTES.	NATURE DES ACTES ou DES DROITS DUS.	MONTANT DES FRAIS pour déboursés.	MONTANT DES FRAIS pour vacations.	OBSERVATIONS.
1.	2.	3.	4.	5.	6.
					(a) La première colonne est réservée pour recevoir la taxe du président du tribunal.
		TOTAL GÉNÉRAL,			

DÉDUCTIONS.

1° Avances.......................................
2° Sommes reçues sur le produit de l'expropriation.......

RESTE DU..........

Certifié véritable, à *le* 181

Nota. Ce mémoire devra être taxé par le président du tribunal, en présence du procureur impérial.

Il sera vérifié et arrêté ensuite par le préfet.

Pour faciliter la liquidation, les avoués auront soin de noter sommairement, au bas de chaque pièce de procédure, tous les frais et droits auxquels elle donne lieu.

DÉPARTEMENT
d

FRAIS D'EXPÉDITIONS
de jugemens.

Trimestre de 181

MODÈLE n° 86 coté A.
Art. 1245 de l'Instruction générale.

BORDEREAU des Sommes réclamées par les Greffiers des Tribunaux civils, pour expéditions et extraits de jugemens rendus contre les conscrits réfractaires, les déserteurs, et les fauteurs et complices en matière de conscription et de désertion, pendant le trimestre de 181

NUMÉROS d'ordre des Mémoires.	NOMS des GREFFIERS.	INDICATION des Tribunaux auxquels ils sont attachés.	MONTANT des MÉMOIRES.	SOMMES A ALLOUER D'APRÈS la taxe du Président du tribunal.	l'avis et l'arrêté du Préfet.	OBSERVATIONS.
1.	2.	3.	4.	5.	6.	7.
		TOTAUX.....				

Le présent Bordereau certifié et arrêté à la somme de (mettre ici la somme portée au total de la sixième colonne), *par nous, Préfet du département d*

A *le* 181

DÉPARTEMENT
d

FRAIS D'IMPRESSIONS.

Trimestre de 181

MODÈLE n° 86 coté B.
Art. 1245 de l'Instruction générale.

BORDEREAU des Sommes réclamées par les Imprimeurs, pour impressions faites pendant le trimestre 181 , des jugemens rendus contre des Conscrits réfractaires.

NUMÉROS d'ordre des Mémoires.	NOMS des IMPRIMEURS.	INDICATION de LEUR DOMICILE.	MONTANT des MÉMOIRES.	SOMMES À ALLOUER D'APRÈS la taxe du Président du tribunal.		OBSERVATIONS.
					l'avis et l'arrêté du Préfet.	
1.	2.	3.	4.	5.	6.	7.
		TOTAUX.....				

Le présent Bordereau certifié et arrêté à la somme de (mettre ici la somme portée au total de la sixième colonne), *par nous Préfet, du département d*

A *le* 181

DÉPARTEMENT
d

FRAIS D'HUISSIERS.

Trimestre de 181

Modèle n° 86 coté C.
Art. 1245 de l'Instruction générale.

BORDEREAU des Sommes réclamées par les Huissiers pour citations, assignations, significations et poursuites en matière de conscription et de désertion, faites pendant le trimestre de 181

NUMÉROS d'ordre des Mémoires.	NOMS des HUISSIERS.	MONTANT des MÉMOIRES.	SOMMES À ALLOUER D'APRÈS		OBSERVATIONS.
			la taxe du Président du tribunal.	l'avis du Préfet.	
1.	2.	3.	4.	5.	6.
	TOTAUX.......				

Le présent Bordereau certifié et arrêté à la somme de (mettre ici la somme portée au total de la cinquième colonne), *par nous, Préfet du département d*

A *le* 181

DÉPARTEMENT
d

FRAIS DE PROCÉDURE
en
EXPROPRIATION FORCÉE.

Trimestre de 181

MODÈLE n° 86 coté D.
Art. 1245 de l'Instruction générale.

BORDEREAU des Sommes dues aux Avoués pour frais de Procédures relatives à des expropriations forcées, par eux suivies pour parvenir au recouvrement des Amendes prononcées contre des Conscrits réfractaires, des Déserteurs et des Fauteurs en matière de conscription ou de désertion.

NUMÉROS d'ordre des Mémoires. 1.	NOMS des AVOUÉS. 2.	NOMS ET PRÉNOMS des CONDAMNÉS. 3.	ESPÈCES des CONDAMNÉS. (1) 4.	DATE du dernier acte de poursuite contre chaque individu. (2) 5.	SOMMES dues à l'Avoué d'après la taxe du Président du Tribunal. 6.	SOMMES que l'Avoué a reçues à compte. (3) 7.	RESTANT dû à l'Avoué. 8.	*OBSERVATIONS.* 9.
								(1) Indiquer dans la 4e colonne, si ce sont des réfractaires, des déserteurs ou des fauteurs. (2) C'est cette date qui détermine l'exercice auquel les frais faits contre chaque individu doivent être imputés. (3) Les Préfets devront énoncer, en observations, d'où proviennent les à-comptes touchés par les avoués. Ils feront aussi connaître les motifs qui auront empêché le recouvrement des frais faits contre les condamnés.
				TOTAUX...				

Le présent Bordereau certifié et arrêté à la somme de (mettre ici le montant de la huitième colonne), *par nous, Préfet du département d*

A *le* 181

DÉPARTEMENT
d

MODÈLE nº 87.
Art. 1250 de l'Instruction générale.

TRIMESTRE de 181

MÉMOIRE des Sommes dues au Sr Imprimeur, pour fournitures par lui faites pendant le trimestre de 181 , de Registres et Sommiers relatifs à la perception des amendes prononcées en matière de conscription et de désertion.

DATES des Ordres du Préfet en vertu desquels les fournitures ont eu lieu.	DATES des Fournitures.	NOMS ET RÉSIDENCES des Receveurs à qui les Registres et Sommiers ont été fournis.	ESPÈCE ET NOMBRE des Registres et Sommiers fournis.	SOMMES DUES.	OBSERVATIONS.
1.	2.	3.	4. (1)	5.	6.
					(1) On désignera dans la 4e colonne le nombre des sommiers et celui des registres. On indiquera aussi de combien de mains de papier ces registres et sommiers seront composés et la qualité du papier.
			TOTAL.....		

Le présent Mémoire montant à la somme de certifié véritable par moi Imprimeur soussigné.

A *le* 181

Nota. Ce mémoire sera vérifié et réglé par le Préfet.

Il sera appuyé des récépissés des receveurs de l'enregistrement.

DÉPARTEMENT MODÈLE n° 88.

d Art. 1251 de l'Instruction générale.

FOURNITURES
de Registres et Sommiers.

TRIMESTRE de 181

***BORDEREAU** des Sommes réclamées par les Imprimeurs pour fournitures par eux faites pendant le trimestre de 181 , de Registres et Sommiers relatifs à la perception des amendes prononcées en matière de conscription et de désertion.*

NUMÉROS d'ordre des Mémoires.	NOMS ET DOMICILES des FOURNISSEURS.	SOMMES DUES		OBSERVATIONS.
		suivant le Mémoire.	d'après le réglement du Préfet.	
1.	2.	3.	4.	5.
	TOTAUX.....			

Le présent Bordereau certifié et arrêté à la somme de (mettre ici la somme portée au total de la 4e colonne), *par nous Préfet du département d*

A *le* 181

MODÈLE n° 89.
Art. 1255 de l'Instruction générale.

ÉTAT NOMINATIF

Des Sous-officiers et Gendarmes qui ont arrêté des conscrits réfractaires ou retardataires, pendant le trimestre de et qui ont droit à la gratification de 25 francs.

LÉGION.

ESCADRON

COMPAGNIE
DU DÉPARTEMENT
d

GENDARMERIE IMPÉRIALE.

ÉTAT NOMINATIF des Sous-officiers et Gendarmes qui ont arrêté des Conscrits réfractaires ou retardataires pendant le trimestre d   et qui ont droit à la gratification de vingt-cinq francs.

NOMS et PRÉNOMS des Sous-officiers et Gendarmes. 1.	GRADES. 2.	INDICATION DES BRIGADES dont ils font partie. À CHEVAL. 3.	À PIED. 4.	DATES des arrestations pour lesquelles les 25f sont dus. 5.	NOMS et PRÉNOMS des Conscrits arrêtés. 6.	LIEUX de leur NAISSANCE. 7.	DÉPARTEMENS auxquels ils appartiennent en qualité de Conscrits. 8.	CLASSES de Conscription dont ils font partie. 9.	INDICATION Si les conscrits étaient retardataires ou réfractaires au moment de leur arrestation, et nombre de ceux qui étaient condamnés, au contrôle général du recouvrement des amendes. 10.	DATE du JUGEMENT pour ceux qui ont été condamnés comme réfractaires. 11.	DATE de l'admission des réfractaires ou des retardataires au dépôt départemental. 12.	OBSERVATIONS. 13.

Le présent État certifié véritable par nous, membres du Conseil d'administration de la Compagnie de Gendarmerie du département d

A   le   181

(Signatures.)

Je soussigné, Préfet du département d   certifie que, d'après la vérification que j'ai faite de la position de chacun des conscrits arrêtés, dénommés au présent état et les renseignemens que je me suis procurés, la gratification est due pour l'arrestation de chacun d'eux, laquelle a été régulièrement constatée.

A   le   181

(Signature.)

Je soussigné, Capitaine de recrutement du département d   , déclare que les conscrits désignés au présent État ont été conduits par la Gendarmerie au dépôt départemental.

A   le   181

(Signature.)

DÉPARTEMENT
d

ARRONDISSEMENT
d

COMMUNE
d

MODÈLE n° 90.
Art. 1262 de l'Instruction générale.

RÉCÉPISSÉ d'un Mandat de 25 francs accordés en gratification, pour l'arrestation d'un Conscrit réfractaire ou retardataire.

NOM et PRÉNOMS du Conscrit arrêté.......

INDICATION si c'est un Réfractaire ou un Retardataire.......................
Sa commune.......................
Son canton.......................
Son arrondissement de sous-préfecture..
Son département.......................
Sa classe de conscription.............

NOM et PRÉNOMS du Capteur.............
Sa qualité.......................
Sa résidence.......................

LIEU et DATE de l'arrestation...........

DATE de l'arrivée (1) du Conscrit au dépôt départemental.......................

DATE de la réception, par le Capteur, du mandat de 25 francs.............

SIGNATURE du Capteur.................
ou

CERTIFICAT et signature du Maire attestant que le Capteur ne sait signer........

(1) Si le conscrit a été mis à la disposition de la justice, ou s'il est mort, il en sera fait mention au blanc ouvert pour la date de l'arrivée.

MODÈLE n° 91.
Art. 1265 de l'Instruction générale.

DÉPARTEMENT d

COMPTE de l'emploi du Crédit de francs, ouvert le n°, au Préfet, pour le paiement de la gratification de 25 fr. due aux Agens civils et militaires, et aux Particuliers, pour arrestation de Réfractaires, pendant l'exercice 181

NOMS ET PRÉNOMS des CAPTEURS. 1.	LEURS QUALITÉS ou PROFESSIONS. 2.	COMMUNES où ILS RÉSIDENT. 3.	DATES des ARRESTATIONS. 4.	NOMS ET PRÉNOMS des conscrits réfractaires ou retardataires arrêtés. 5.	DÉPARTEMENS auxquels les réfractaires ou retardataires appartiennent. 6.	CLASSE de CONSCRIPTION dont ils font partie. 7.	INDICATION Si les Conscrits étaient retardataires ou réfractaires au moment de leur arrestation, et numéro au contrôle général du recrutement des amendes, pour ceux qui étaient condamnés. 8.	DATE du Jugement pour ceux qui ont été condamnés comme réfractaires. 9.	INDICATION de la brigade de gendarmerie à laquelle les conscrits capturés ont été remis. 10.	DATE de l'admission au dépôt départemental des conscrits arrêtés. 11.	SOMMES PAYÉES sur les mandats du préfet pour les conscrits arrêtés. 12.	OBSERVATIONS. 13.

Nota. Le Préfet et le Capitaine du recrutement porteront à la suite de cet état des certificats semblables à ceux qui terminent l'état des gratifications réclamées par la gendarmerie.

TOTAL des sommes employées. . . . .

SOMMES restées sans emploi. . . . .

TOTAL égal au montant du crédit. . . . .

Certifié, etc. (comme au modèle n° 83.)

A *le* 181

Le Préfet,

DÉPARTEMENT
d

EXERCICE DE 181

Modèle n° 92 coté A.
Art. 1269 de l'Instruction générale.

BORDEREAU des Sommes dues pour les travaux faits au Dépôt départemental des Réfractaires, établi à

NOM DE L'ENTREPRENEUR qui a fait les travaux. 1.	NATURE des TRAVAUX. 2.	DATE de la décision du Directeur général qui les a autorisés. 3.	PRIX DES TRAVAUX d'après le procès-verbal d'adjudication. 4.	SOMME réclamée par l'entrepreneur. 5.	SOMME que le Préfet propose d'allouer. 6.	OBSERVATIONS. 7.

Le présent Bordereau arrêté à la somme de

A *le* 181

Le Préfet,

DEPARTEMENT
d

MODÈLE n° 92 coté B.
Art. 1271 de l'Instruction générale.

SEMESTRE
d 181

ÉTAT des Sommes dues pour Loyer du local où est établi le dépôt des Réfractaires du département d

NOMS des PROPRIÉTAIRES auxquels le loyer est dû.	DATE de LA DÉCISION du Directeur général, portant fixation du prix de la location.	MONTANT DU LOYER par année.	SOMME DUE pour le semestre échu.	OBSERVATIONS.

Le présent Etat certifié véritable et arrêté à la somme de
A *le* 181

Le Préfet,

Nota. Cet état devra être en double expédition.

ERRATA.

MODÈLES.

N° 2. ARTICLE 23 de l'Instruction générale, lisez : *article 22.*

N° 5. Colonne 4 : *Indication s'ils ont été admis par le conseil à concourir au tirage*, lisez : *Indication si le conseil a décidé qu'ils ne marcheront qu'au rang que leur sort leur assignera lors du tirage de la classe la première à appeler.*

N° 6. Colonne 3 : Émargement ou indication *et* situation des conscrits ; *lisez :* émargement ou indication *de la* situation des conscrits.

N° 7. N° 1er, faisant suite au modèle ; colonne 14 : RÉFRACTAIRES CONDAMNÉS. — *Les condamnés qui auront été incorporés après le mois de leur condamnation, seront compris dans cette colonne ;* lisez : *tous les condamnés seront portés dans cette colonne, lors même qu'ils auraient été incorporés avant ou après le mois de leur jugement.*

N° 9. Note 3, au bas de la première page : Le préfet formera pour lui une *feuille individuelle semblable* à celle qu'il sera chargé ci-après de former pour, etc. ; lisez : Le préfet formera pour lui une *feuille individuelle semblable (sauf les modifications nécessaires)*, à celle qu'il sera chargé ci-après de former pour, etc.

N° 12. B. Troisième colonne du tableau placé à droite du Compte général et sommaire, et présentant la DIVISION DES CONSCRITS DES ANNÉES ANTÉRIEURES PORTÉES DANS LA COLONNE N° 2 DU COMPTE : Retirés du tableau de la présente classe, et inscrits dans la septième colonne *par leur âge ;* lisez : Retirés du tableau de la présente classe, et inscrits dans la septième colonne du *Compte général et sommaire.*

N° 13. C. Première colonne : NOMBRE DES CONSCRITS, etc. QUI ont été portés sur les listes de *cette* classe ; lisez : Sur les listes de *leur* classe.

Seconde colonne : QUI ont été omis sur les listes de *cette* classe, etc. ; lisez : ont été omis sur les listes de *leur* classe.

Quatrième, cinquième, sixième et septième colonnes : Division

MODÈLES.

des conscrits compris dans la *première* colonne ; lisez : compris dans la *troisième* colonne.

Septième colonne : Total égal au nombre porté dans la *première* colonne ; lisez : Total égal au nombre porté dans la *troisième* colonne.

N° 21. Vingt-unième colonne ; supprimez la note qui se trouve au-dessous du mot OBSERVATIONS.

N° 22. Colonne 9 ; supprimez la note qui se trouve au-dessous du mot OBSERVATIONS.

N° 23. A et B. Colonnes 25 ; supprimez la note qui se trouve au-dessous du mot OBSERVATIONS.

N° 24. Colonne 3. Numéros *des contrôles de départ dont ils ont fait partie comme suppléans et sur lesquels est apposé pour eux le récépissé du corps ;* lisez : Numéros d'*inscription des suppléans au registre-matricule du corps.*

Colonne 4. Date de leur départ *portée aux contrôles rappelés dans la colonne 3 ;* supprimez *portée aux contrôles rappelés dans la colonne* 3.

N° 29. État des suppléans de conscrits *et des remplaçans des militaires* qui ont déserté, etc. ; lisez : *et des remplaçans de militaires* qui ont déserté, etc.

N°s 29 et 30 ; supprimez la *sixième* colonne et changez les numéros de celles qui suivent.

N° 31 ; supprimez la *septième* colonne et changez les numéros de celles qui suivent.

N° 35. État nominatif des *remplaçans des militaires* jugés, etc. ; lisez : des *remplaçans de militaires* jugés, etc.

Colonne 11 de cet état : détail des infirmités qui donnent lieu à la réforme *des remplacés ;* lisez : à la réforme *des remplaçans.*

www.ingramcontent.com/pod-product-compliance
Ingram Content Group UK Ltd.
Pitfield, Milton Keynes, MK11 3LW, UK
UKHW021018140726
13695UKWH00001B/342

9 782013 746540